e-COREA

Luciano Damián Bolinaga y Bárbara Bavoleo
(compiladores)

e-Corea

Procesos políticos, económicos y sociales en la península coreana

Colección UAI – Investigación

UAI EDITORIAL

teseo

e-Corea: procesos políticos, económicos y sociales en la península
coreana / Luciano Damián Bolinaga... [et al.]; compilado por Luciano
Damián Bolinaga; Bárbara Bavoleo. – 1a ed. – Ciudad Autónoma de
Buenos Aires: Teseo; Ciudad Autónoma de Buenos Aires: Universidad
Abierta Interamericana, 2017. 228 p.; 20 x 13 cm.
ISBN 978-987-723-159-5
1. Corea. 2. Educación Virtual. 3. Estudios. I. Bolinaga, Luciano
Damián II. Bolinaga, Luciano Damián , comp. III. Bavoleo, Bárba-
ra, comp.
CDD 374.4

Teseo – UAI. Colección UAI – Investigación

Buenos Aires, Argentina

Editorial Teseo

Hecho el depósito que previene la ley 11.723

Para sugerencias o comentarios acerca del contenido de esta obra,
escríbanos a: **info@editorialteseo.com**

www.editorialteseo.com

ISBN: 9789877231595

Autoridades

Presentación

DRA. ARIADNA GUAGLIANONE[1]

La Universidad Abierta Interamericana ha planteado desde su fundación en el año 1995 una filosofía institucional en la que la enseñanza de nivel superior se encuentra integrada estrechamente con actividades de extensión y compromiso con la comunidad, y con la generación de conocimientos que contribuyan al desarrollo de la sociedad, en un marco de apertura y pluralismo de ideas.

En este escenario, la Universidad ha decidido emprender junto a la editorial Teseo una política de publicación de libros con el fin de promover la difusión de los resultados de investigación de los trabajos realizados por sus docentes e investigadores y, a través de ellos, contribuir al debate académico y al tratamiento de problemas relevantes y actuales.

La *colección investigación* TESEO – UAI abarca las distintas áreas del conocimiento, acorde a la diversidad de carreras de grado y posgrado dictadas por la institución académica en sus diferentes sedes territoriales y a partir de sus líneas estratégicas de investigación, que se extiende desde las ciencias médicas y de la salud, pasando por la tecnología informática, hasta las ciencias sociales y humanidades.

El modelo o formato de publicación y difusión elegido para esta colección merece ser destacado por posibilitar un acceso universal a sus contenidos. Además de la

---

[1] Secretaría de Investigación de la Universidad Abierta Interamericana.

modalidad tradicional impresa comercializada en librerías seleccionadas y por nuevos sistemas globales de impresión y envío pago por demanda en distintos continentes, la UAI adhiere a la red internacional de acceso abierto para el conocimiento científico y a lo dispuesto por la Ley n°: 26.899 sobre *Repositorios digitales institucionales de acceso abierto en ciencia y tecnología,* sancionada por el Honorable Congreso de la Nación Argentina el 13 de noviembre de 2013, poniendo a disposición del público en forma libre y gratuita la versión digital de sus producciones en el sitio web de la Universidad.

Con esta iniciativa la Universidad Abierta Interamericana ratifica su compromiso con una educación superior que busca en forma constante mejorar su calidad y contribuir al desarrollo de la comunidad nacional e internacional en la que se encuentra inserta.

Índice

Palabras de presentación 19
   Yoon Chan-sik

Prólogo 21
   Renato Balderrama Santander

Introducción 29
   Luciano Damián Bolinaga y Bárbara
   Bavoleo

1. Los estudios coreanos en la República Argentina.
Trayectoria y perspectivas 33
   Bárbara Bavoleo y Luciano Bolinaga

2. La constitución de 1895. El fin del Reino Ermitaño 51
   Estefanía Kuhn

3. Avatares en el proceso de apertura económica de
Corea del Norte. El caso del Complejo Industrial de
Kaesong 69
   Matías Benítez

4. Ciclo virtuoso de la economía del este de Asia.
Estudio de caso de las empresas japonesas en la
República de Corea 91
   Maximiliano Mainardi

5. Cambio del sistema político de Corea del Sur. Del
autoritarismo a la democracia 105
   Mateo Banguero Agudelo

6. Ascenso de la República de Corea y la República
Popular Democrática de Corea 119
   Lautaro Emanuel Pagaburu

7. Impacto en Corea del Sur de la apertura económica y
la expansión china 131
    Lucas Erbín

8. Dokdo/Takeshima. Las islas de la eterna lucha 147
    María Florencia Colavita

9. El rol de la mujer en Corea. Cambios y
continuidades 161
    Desirée Nair Chaure

10. El Hangul y las mujeres coreanas. ¿Es posible su
análisis bajo una perspectiva de género y clase? 183
    Martín Nicolás Saez

11. La cortesana y la mediadora. Dos dimensiones de
expresión femenina en la tradición coreana 201
    Verónica del Valle

Sobre los autores 211

Sumario 217

Este libro fue publicado gracias al aporte realizado
por la Embajada de la República de Corea
en la República Argentina.

Al señor Embajador Choo Jong-youn, por su constante labor en la difusión de los estudios coreanos en América Latina y su férrea convicción en promover las relaciones de paz y cooperación entre la nación coreana y los países de esta región.

Palabras de presentación

YOON CHAN-SIK[1]

Para mí, es un honor poder transmitir unas palabras de felicitación en las primeras páginas del libro *e-Corea. Procesos políticos, económicos y sociales en la península coreana*, en manos de los profesores Luciano Bolinaga y Bárbara Bavoleo.

La curiosidad y la navegación han sido siempre puntos de partida de los descubrimientos geográficos (como en el caso de Cristóbal Colón), del adelanto tecnológico (del cual Steve Jobs puede ser hoy un referente), y son también el motor para promover la interacción entre gente de diferentes culturas. Para todos aquellos que estén buscando nuevos horizontes para ampliar sus conocimientos y las perspectivas hacia el futuro, pueden hacerlo a través de lo que se conoce como "destrucción creativa" o de la "desconexión innovadora", recurriendo a la desconexión de algunos elementos asociados a la rutina diaria con el fin de permitir al creador acercarse a un fenómeno con una mirada fresca o renovadora, para acceder a nuevas ideas y perspectivas.

El mundo es muy grande y hay otros continentes más allá de América o Europa. Asia o África son tierras de un dinamismo pujante, en donde hay miles de oportunidades para aquellos que se animen a ser pioneros. Corea es un país pequeño en tamaño, con escasos recursos naturales, con una alta densidad demográfica y con su territorio dividido. La península coreana está rodeada por grandes potencias como China, Rusia y Japón, y también se proyecta sobre la región la influencia y la

---

[1] Ministro Consejero de la Embajada de la República de Corea.

presencia de Estados Unidos. A pesar de este contexto, poco favorable, Corea logró implementar un modelo de desarrollo económico que hoy es objeto de estudio en todo el mundo.

Corea es hoy un punto de enlace y vinculación cultural y económica entre Oriente y Occidente. Para los estudiantes y los académicos, Corea puede ser la puerta de entrada a Asia y el acceso a las infinitas oportunidades que ofrece el continente más grande y más pujante del mundo. Corea y Argentina comparten hoy una "Asociación Integral para la Co-prosperidad en el siglo XXI". Corea y Argentina son inseparables. Los dos países comparten valores universales tales como la democracia, los derechos humanos, la diversidad cultural y la economía con rostro humano, entre otros. Nuestros países hermanos comparten proyectos e iniciativas, entre los cuales figuran, desde ya, los intercambios académicos, de estudiantes y de becarios.

Este libro nace del Primer Seminario de Estudiantes Argentinos del Korea Foundation e-School Program for Latin America: homenaje al profesor Jaime Silbert, celebrado en la Universidad Abierta Interamericana bajo la organización de su Grupo de Estudios del Asia y el Pacífico (GEAP) y la Asociación Argentina de Estudios Coreanos, respondiendo a los incipientes intereses no solo de profesores académicos, sino también de los investigadores más jóvenes. En ese sentido, el programa Korea Foundation e-School abre un nuevo canal de diálogo y vinculación entre continentes y culturas diferentes, que buscan caminos de encuentro. Estoy seguro de que este libro, el cual recoge los trabajos presentados en el Seminario, puede alumbrar de alguna forma esos intereses e inquietudes que se presentan en especial hacia Corea.

Gracias.

Buenos Aires, 24 de noviembre de 2017.

Prólogo

RENATO BALDERRAMA SANTANDER[1]

El 19 de julio de 1953 se puso fin formalmente a la Guerra de Corea con el Acuerdo de Armisticio, también conocido como la Paz de Panmunjon. El país quedaría dividido en dos partes con la creación de una frontera ficticia establecida en el famoso paralelo 38° Norte. Ambas partes de la península fueron devastadas. Si bien el Norte sufrió un mayor daño por los bombardeos aéreos de las fuerzas aliadas encabezadas por Estados Unidos, Seúl quedó en condiciones deplorables. Nadie en su sano juicio podría haber apostado por la República de Corea (Corea del Sur). Para muchos era un Estado sin futuro.

Al día de hoy, Corea del Sur (en adelante Corea) ha logrado niveles de desarrollo propios de países con fuertes antecedentes industriales de finales del siglo XIX y mitad del siglo XX. En 2009, se convirtió en el primer país que pasó de ser uno de los mayores receptores de ayuda internacional para el desarrollo a ser uno de los que más otorga ayuda a través de donaciones y préstamos. De 1945 a finales de los noventa, Corea recibió más de 12,7 mil millones de dólares en ayuda económica, principalmente de Estados Unidos, Japón y Europa. Muestra inequívoca del desarrollo alcanzado lo marca el año 1996 cuando Corea ingresa a la Organización para la Cooperación y Desarrollo Económico (OCDE).

Corea pasó de tener uno de los ingresos per cápita más raquíticos del mundo en la década de los sesenta a llegar a los casi 30.000 dólares per cápita actualmente. En treinta años,

---

[1] Director de la Korea Foundation e-School Program for Latin America. Director del Centro de Estudios de Asia, Universidad Autónoma de Nuevo León.

creció trece veces. El informe del Banco Mundial de 1960 sobre el PIB per cápita de 102 países del mundo arrojaba que India estaba en último lugar con 52 dólares, seguida por Corea con 72 dólares per cápita. En tres décadas, su PNB creció de 88 mil millones de dólares a 1.460 mil millones de dólares. Corea no solo logró que su economía creciera de forma acelerada sino también de manera generalizada, notándose una mejoría sostenible en la mayoría de la población. El índice GINI de Corea es de 0,34, uno de los más bajos en Asia y a nivel mundial, lo cual es apreciable si uno viaja por Corea, tanto por sus ciudades como por las áreas rurales. A diferencia de la mayoría de los países de América Latina, donde existe una alta polaridad entre ricos y pobres, entre áreas extremadamente desarrolladas y otras donde no se cuenta ni con los servicios básicos, en Corea se ha consolidado una clase media y ciudades sustentables.

Por donde se le vea, el caso de Corea es excepcional, conocido como el milagro del río Han en honor al río que parte en dos su ciudad capital. Corea cuenta con una exigua dotación de recursos naturales, está lejos de ser autosuficiente en recursos mineros y energéticos, su territorio es sumamente reducido (el lugar 107 a nivel mundial), cabe varias veces en la mayoría de los países de América Latina; así mismo, el tamaño de su población es poco numeroso, menos de 50 millones de habitantes. A pesar de estos factores en contra, Corea es el principal constructor mundial de barcos, representa más del 50% de la producción global (Hyundai Heavy Industries, Samsung Heavy Industries, Daewoo Shipbuilding & Marine Engineering). El grupo automotriz Hyundai Kia es desde 2016 el tercer productor mundial de vehículos, solo detrás de la japonesa Toyota y de la alemana Grupo Volkswagen. En la construcción también es líder mundial, las grandes corporaciones coreanas han desarrollado proyectos de infraestructura portuaria, logística o energética en Asia y Medio Oriente. Samsung C&T Cor-

poration tiene entre sus logros la construcción de las tres torres
más altas del mundo: las Torres Petronas en Malasia, el Tapei
101 en Taiwán y el Burj Khalifa, emblema de Dubai.

Al terminar la Guerra de Corea, las tareas más importantes que tuvieron que enfrentar los coreanos fueron no solo la
reconstrucción del país sino también del gobierno y sus instituciones; la tarea no fue fácil en ninguno de los dos cam-
pos. El inicio de la República fue incierto hasta que por medio
de un golpe de Estado llegó a la presidencia el general Park
Cheung Hee, quien con mano dura lideró el desarrollo industrial de Corea. El padre de la nueva nación como se le conoce logró, basado en grandes sacrificios sociales, modernizar al
país y poner las bases para consolidar una de las economías
más avanzadas del mundo. La apuesta tuvo su columna ver-
tebral en tres grandes rubros: una fuerte inversión en la educación a todos los niveles, una política industrial que facilitó
la creación de empresas competitivas a nivel mundial priori-
zando las exportaciones y el desarrollo de infraestructura para
facilitar la logística tanto doméstica como internacional. Para
ello se hicieron grandes esfuerzos y sacrificios; desde mandar
mineros y enfermeras a Alemania occidental en los sesenta
con el fin de obtener divisas vía remesas y otros apoyos del país
europeo hasta poner vidas en la Guerra de Vietnam para consolidar el desarrollo de los conglomerados coreanos que pro-
veyeron diversos insumos para el ejército de Estados.

La historia de Corea es de constantes sacrificios y retos
mayúsculos. Desde sus orígenes, la península coreana sufrió la
división, la guerra y el conflicto permanente entre tres reinos.
Poco antes de los inicios de la era cristiana y hasta que el reino
septentrional de Silla logró unificar la península en el año 668
d. C., el norte peleaba con el sur y las dinastías en China aprove-
chaban esta división; de hecho, la alimentaban con el fin de no
tener un vecino fuerte cruzando el rio Yalu, una foto muy pare-
cida a lo que hoy acontece. Posteriormente, bajo el reino de

Koryo se logró una nueva unidad sociopolítica, de aquí viene el
nombre del país (Corea). Sin embargo, sufrió la invasión de los
mongoles. Más tarde, la siguiente y última dinastía en Corea,
Choson, sufriría en dos ocasiones invasiones japonesas, primero en 1592 en su intento por hacerle la guerra a China, y luego a finales del siglo XIX. Este breve recuento de la historia de
Corea da cuenta de su delicada situación geopolítica, pues tiene frontera con dos potencias hegemónicas continentales: con
su rival y padre cultural China, así como con Rusia. Y a no pocos
kilómetros al sur, allende el mar, se encuentra el archipiélago
japonés que, como se mencionó, ha tenido a Corea en su radar
expansionista.

Esto redundaría en la invasión y posterior anexión colonial de Corea a Japón desde 1910 hasta 1945. Japón requería
mano de obra e insumos para alimentar su industria militar
con el fin de lograr una hegemonía en Asia. Este periodo oscu-
ro de la relación bilateral entre ambos países es una herida que
aún no sana y permite ver una fuerte cicatriz. El debate del
balance de esta presencia no ha llegado a un fin, porque si bien
es cierto que el imperio japonés desarrolló instalaciones fabri-
les y logísticas (trenes, carreteras, telégrafos, puertos, etc.) en la
península, por otro lado, el costo de esto fue altísimo al nivel de
degradar a los nacionales como ciudadanos de segunda clase
con evidentes violaciones a los derechos humanos y también
la destrucción de gran parte de esta presencia, tras la guerra
que asoló la península de 1950 a 1953. Es decir, treinta y cinco
años de ocupación dejaron un legado que se contempla más
como un fantasma difícil de vencer en los sueños del pueblo
coreano que como un periodo de desarrollo o de bienestar. En
todo caso, Corea pasó de ser un vasallo de la corte china a una
colonia de Japón y, finalmente, una nación divida en dos desde
la posguerra por los intereses de las dos superpotencias (Estados Unidos y la Unión Soviética).

El concepto coreano *palli palli* que puede traducirse como "de inmediato", permite dar cuenta de que la Corea de hoy no tiene tiempo que perder. Desde mediados de los años setenta del siglo pasado, Corea ha generado un modelo de desarrollo económico e industrial que le ha permitido ganar mercado mundial en casi todos los rubros industriales. En los anaqueles y aparadores de tiendas minoristas en todo el mundo dominan los televisores y electrodomésticos de las marcas LG o Samsung. En el parque vehicular de los cinco continentes, cada vez es más común ver en las calles un Kia o un Hyundai. Y no solo las manufacturas han sido exitosas en Corea. En años recientes, las industrias culturales (también conocidas como industrias creativas) han logrado generar gran riqueza para el país.

Desde la década de los ochenta, el gobierno de Corea apostó también por estas industrias, rubro en el que Japón había sido líder no solo en Asia sino también mundialmente, sobre todo a través de su anime y manga. Lo que se ha denominado como la Ola Coreana o *Hallyu*, contempla desde música, juegos, películas, hasta series de televisión y cómics, entre otras industrias. Estas representan exportaciones por más de 6.000 millones de dólares, generando más de un millón de empleos directos y otro tanto indirectos. En 2016 se logró un total de 97.000 millones de dólares en ventas. Por poner un ejemplo, el drama coreano *Sonata de invierno* logró generar ganancias superiores a los 20.000 millones de dólares desde su lanzamiento en 2002, superando a éxitos de Hollywood como Harry Potter, que en el mismo periodo solo obtuvo 15.000 millones de dólares. Este sector tiene un impacto directo en la atracción de turismo. Corea está dentro de los 20 destinos más importantes para el turismo mundial, y particularmente ha habido un incremento de los turistas de China continental, Hong Kong, Taiwán y del sudeste de Asia, dado que desean conocer las locaciones donde se filman las películas y dramas así como comprar sus productos. Distritos como Myeondgong en Seúl, ahora son abarrotados por turistas chinos que consumen en cantidades todo lo que allí se vende.

Los retos que enfrenta Corea en el siglo XXI tienen que ver no solo con su ubicación y situación geográfica (desde la unificación y la amenaza nuclear norcoreana hasta la creciente hegemonía china y la visión conservadora en Japón), sino también con los tremendos desafíos internos. El reto mayor lo encuentra en su demografía, ya que tiene uno de los índices de natalidad más bajos en el mundo, un envejecimiento prolongado de su sociedad y un creciente desempleo entre los jóvenes. Esto creó incertidumbre en el futuro, porque se verifica una gran presión sobre la nueva generación que llevará a cuestas la carga de estos desbalances sobre todo al momento de tener que soportar financieramente la jubilación y el bienestar social de una sociedad envejecida.

No es cosa menor tampoco la preocupación permanente de las empresas y la economía de Corea *vis a vis* el gran competidor que es China: su tamaño de mercado,[2] de territorio, sus Fuerzas Armadas y hasta su herencia cultural. Y si bien Corea supera a China en índices de innovación y en investigación y desarrollo, lo cierto es que Beijing ha acortado la brecha en poco tiempo. De hecho, en el contexto de la Cuarta Revolución Industrial China, ha superado ya a Corea como mejor ecosistema de emprendimiento. El poder de los conglomerados coreanos (Chaebol), en cuanto a su capacidad para innovar y su valor de marcas a nivel global, permite mantener por ahora una distancia con sus rivales chinos. Sin embargo, los Chaebols también se han convertido en uno de los retos de la economía y de la sociedad de Corea. Los diez conglomerados más

---

[2]   China tiene 27 veces más población que Corea y un PNB que supera al de Corea once veces.

importantes controlan el 80% de su economía, tan solo Samsung representa el 25% de su PNB. No existe ningún caso parecido dentro de las economías más importantes del mundo, una codependencia de este nivel no es sana.

Por lo tanto, como nunca antes, Corea necesita ser más global. Este pequeño territorio con poca población debe hacer todavía mayores esfuerzos por instalar sus fábricas fuera y por ganar más mercados. Y si bien es Asia su principal mercado y lugar de abastecimiento de insumos, América Latina se ha colocado como la segunda región más importante para Corea. Las inversiones coreanas en la región dan muestra de ello, tan solo México pasó en pocos años a contar con casi 2.000 empresas coreanas, duplicando la presencia de las japonesas que no solo llegaron desde los sesenta, sino que dominan la manufactura automotriz local. Corea firmó su primer tratado de libre comercio con una nación latinoamericana, con Chile en 1999. Al día de hoy, ha hecho lo mismo con Perú y Colombia, buscando replicarlo con otras naciones como México. Es uno de los principales donantes en la región, sus bancos empiezan a abrir sucursales en diversos países latinoamericanos, sus empresas están desarrollando puertos, carreteras, trenes, plantas de luz, entre otros sectores de infraestructura por toda nuestra geografía. Corea es miembro en calidad de observador de las instituciones y organismos más importantes en el hemisferio y, sin dudas, las comunidades coreanas empiezan a ser más numerosas e importantes en nuestros países.

Hoy más que nunca es imperativo para el sector académico en América Latina el ahondar en los estudios sobre este país y la región en la que está inserta Corea. La casi inexistencia de expertos en estudios coreanos en la región da cuenta de las oportunidades que existen para aquellos que puedan dominar el idioma coreano, entender los retos que tiene este país y poder apoyar en la construcción de puentes de entendimiento y diálogo para el beneficio mutuo. Afortunadamente, diversas instituciones académicas en nuestro hemisferio han puesto mayor atención en la importancia de impulsar y apoyar los estudios asiáticos, así como en estrechar vínculos con contrapartes en aquel país. Como muestra de este esfuerzo compartido está el Korea Foundation e-School Program para América Latina, que desde 2013 ha apoyado los esfuerzos de muchos colegas por fomentar e incentivar los estudios sobre Corea. La prolongación en el tiempo de esfuerzos como los cursos en línea y las más recientes publicaciones de investigaciones sobre estas temáticas –como las que contiene este nuevo libro– dan cuenta de que está germinando la semilla del conocimiento y que tendremos mejores oportunidades de enfrentar el siglo XXI hombro con hombro, Corea y América Latina.

San Nicolás de los Garza, Nuevo León,
15 de diciembre de 2017.

Introducción

LUCIANO DAMIÁN BOLINAGA Y BÁRBARA BAVOLEO[1]

La Universidad Abierta Interamericana, consciente de la importancia del Asia y el Pacífico en la formación de profesionales argentinos, apuesta al desarrollo de un programa de investigación específico. Así, en el año 2015, se institucionalizó el Grupo de Estudios del Asia y el Pacífico (GEAP) que funciona dentro del Centro de Altos Estudios en Ciencias Sociales. El epicentro de análisis del GEAP son las dinámicas políticas, sociales y económicas en Asia y el Pacífico y su impacto para la inserción internacional de la República Argentina.

Desde ese lugar surgió casi inmediatamente la cooperación con el equipo de la Universidad Autónoma de Nuevo León (México), que coordina el Korea Foundation e-School Program for Latin America. Este programa de educación virtual sobre estudios coreanos y del Este asiático consiste en cursos *online*, en español, semestrales y académicos, sobre negocios, política, sociedad, economía, relaciones internacionales, cultura y otros temas vinculados a dicha región. La dirección del Dr. Renato Balderrama Santander le ha impregnado al programa un sello de distinción académica y su liderazgo ha logrado impulsar la creación de un consorcio de trece universidades a lo largo de América Latina que toman los cursos.

---

[1] El Dr. Luciano Damián Bolinaga es Pro Secretario de Investigación y Director del Grupo de Estudios del Asia y el Pacífico de la Universidad Abierta Interamericana. La Dra. Bárbara Bavoleo es Directora del Centro de Estudios Coreanos de la Universidad Nacional de La Plata.

El e-School ha logrado captar los mejores y más reconocidos expertos de América Latina, Estados Unidos, España y Corea del Sur sobre estudios de Corea y del este de Asia para ofrecer una máxima calidad educativa. No solo se certifican los cursos aprobados por los alumnos sino que, además, estos ya comienzan a ser considerados como parte de la curricular académica de muchas de las universidades que forman parte del programa. Y en esa dirección, es evidente que el e-School está subsanando una falencia estructural en la currícula de nuestras carreras en toda la región. Hoy el gran desafío de nuestras casas de altos estudios es incorporar la temática como un asunto prioritario y, del mismo modo, la enseñanza de idiomas como el chino, coreano o japonés, entre otros.

Los alumnos del e-School toman los cursos *online* pero, una vez al año, se realiza un *workshop* internacional en el que los coordinadores de cada universidad, los profesores del e-School y los alumnos más destacados se dan cita en Monterrey. El ámbito propicio para sinergias y vínculos de cooperación entre las trece universidades que integran el consorcio ya mencionado. Así fue que el GEAP comenzó a vincularse al Centro de Estudios Coreanos (CECOR) del Departamento de Asia y el Pacífico del Instituto de Relaciones Internacionales de la Universidad Nacional de La Plata.

En junio de 2017, la Universidad Abierta Interamerica organizó el Primer Seminario de Estudiantes Argentinos del Korea Foundation e-School Program for Latin America: homenaje al profesor Jaime Silbert, gracias al apoyo de la Embajada de la República de Corea y a la Asociación Argentina de Estudios Coreanos. Se generó así un espacio académico y de reflexión para que alumnos argentinos del e-School expongan, discutan e intercambien ideas sobre los trabajos realizados. Y fue en presencia de los alumnos y académicos que aprovechamos para homenajear al profesor Jaime Silbert, quien con una gran capacidad intelectual y una enorme humildad supo ser pionero en estas actividades en nuestro país. Con su pasión y generosidad abrió la puerta para que muchos de nosotros comenzáramos a formarnos en estos temas y hoy podamos ser considerados expertos en la materia.

La obra que presentamos a continuación se divide en once capítulos, diez de ellos resultado de los trabajos presentados en el e-School, de su reformulación como ponencias para el seminario en Rosario y, finalmente, sometidos a una revisión final a cargo de los compiladores. No obstante, cabe destacar que el primer capítulo de la obra se presenta como una sistematización de la evolución de los estudios coreanos en Argentina, con la intención de dar cuenta del proceso recorrido pero, al mismo tiempo, servir como punto de inflexión para la definición de nuevos desafíos y nuevos caminos para maximizar la cooperación entre la nación coreana y el pueblo argentino.

Por último, dos agradecimientos que no pueden ni deben pasar desapercibidos. Queremos expresar nuestro sincero agradecimiento al Ministro Consejero Chan-sik Yoon y a la Primer Secretaria Sulhee Kim de la Embajada de la República de Corea en Argentina, por su constante apoyo a este proyecto. Por otro lado, extendemos la gratitud a Hoseon Jeong quien tuvo la enorme generosidad de realizar la traducción del resumen de cada capítulo en la última sección de la obra.

Para nosotros, compilar este libro ha sido un orgullo. Ciertamente, estamos convencidos de que la obra que presentamos pasa a formar parte de la bibliografía específica sobre estudios de Corea y el Este asiático. Asimismo, consideramos que este libro no es un punto de llegada sino más bien un nuevo punto de partida para continuar reuniendo a los alumnos argentinos del e-School y continuar juntos contribuyendo a generar espacios de comunicación y contacto entre Argentina y Corea. Sin lugar a dudas, el capital más importante de este libro son los recursos humanos involucrados, nuestros diez estudiantes (algunos ya profesionales), porque ellos son la prueba más importante de que este programa de educación virtual funciona al más alto nivel y de que su prolongación en el tiempo es una apuesta a favor de acercar a estos pueblos, muy distantes pero cada vez con más contactos y más intereses en común.

Rosario, 25 de diciembre de 2017.

1

Los estudios coreanos en la República Argentina

Trayectoria y perspectivas

BÁRBARA BAVOLEO Y LUCIANO BOLINAGA

La génesis de los estudios coreanos: primeros referentes en los años noventa

El acercamiento inicial a Corea como campo de estudios desde el ámbito académico se sitúa en los albores de la década del noventa. Inspirado, por un lado, en la consolidación de la economía de Corea del Sur que asomaba como actor destacado en el plano internacional y por el crecimiento de los encuentros diplomáticos entre Argentina y Corea. Y, por otro, por la presencia ya muy notoria de una comunidad coreana en el país, la cual, si bien había comenzado a forjarse en los años sesenta, para los noventa ya había tomado mayor visibilidad por sus actividades comerciales en los principales centros de venta minorista de nuestro país. Así, unos pocos estudiosos comenzaron a interesarse por la inserción de Corea en un mundo cada vez más global, en el cual la lógica de la Guerra Fría había perdido sentido y donde emergía como nuevo epicentro económico mundial el Pacífico.

Liliana García Daris, de la Universidad del Salvador, publicaba en 1988 el libro *Corea: antigüedad y actualidad* y, en 1990, *Estudios sobre Corea*. Ambas compilaciones incluyeron capítulos sobre economía, migración, religión y política. Por su parte, Jaime Silbert de la Universidad Nacional de Córdoba, desde su formación y docencia en la carrera de Historia, abordó temáticas relacionadas con las transformaciones económicas y políticas en el nordeste de Asia y, específicamente, en Corea, y tuvo un papel muy importante en la formación de nuevas generaciones de especialistas en el área. A su cargo, en 1997, estuvo la compilación de obra *La República de Corea hoy*, que incluyó la importante colaboración de expertos coreanos como Yoon Dae-Kyu o Han Sang-Jin, y así las distancias comenzaron a acortarse. Al año siguiente, se publicó *Desarrollo económico y democratización en Corea del Sur y el noreste asiático* junto con Jorge Santarrosa. Ambas obras abordaron temas de historia, política y economía con la participación de importantes autores internacionales. Poco tiempo antes, en 1994, el profesor Jorge Di Masi, con formación en Derecho por la Universidad Nacional de La Plata, fundó el Departamento de Asia y el Pacífico y, un año después, el Centro de Estudios Coreanos en el Instituto de Relaciones Internacionales. Se iniciaba así la construcción del primer espacio institucional específico destinado a los estudios de Corea, a la gestión de proyectos de investigación y a actuar de enlace entre el sector académico y el diplomático. Por su parte, en la Universidad de Buenos Aires, el acercamiento a Corea se dio a partir de los estudios migratorios y de proyectos de investigación enmarcados en las tesis doctorales de Mirta Bialogorski, Carolina Mera y Corina Courtis, quienes desde distintas unidades académicas analizaron a la comunidad coreana en Buenos Aires. De aquí surgieron los primeros libros que abordaron la temática de la migración coreana. El de Mera, *La inmigración coreana en Buenos Aires: multiculturalismo en el espacio urbano*, publicado en 1998 y, terminando la década, el de Courtis, *Construcciones de alteridad. Discursos cotidianos sobre la inmigración coreana en Buenos Aires*, ambos publicados por Eudeba.

Las perspectivas de abordaje disciplinario de los primeros exponentes del campo de estudios reflejan las coyunturas mundial y local. Con el auge de los foros multilaterales de cooperación, la participación en APEC y luego la colaboración con ASEAN, Corea del Sur fue logrando relevancia global. Su comercio con Argentina creció considerablemente, pasando de 90 millones de dólares americanos en 1980 a 450 millones en 1994 y sus inversiones siguieron el mismo camino, especialmente aquellas del sector pesquero (Paz Iriberri, 2001: 51). A fines del periodo, Corea se había convertido en el segundo productor mundial en el rubro de construcción naval, el tercero en manufactura de semiconductores, el quinto en petroquímica y manufactura de automóviles, y el sexto en la producción de hierro y cemento (Gutiérrez, 2001: 66), tomando cada vez mayor relevancia económica. Además, en la década del ochenta se produjo el mayor ingreso de coreanos al país; se calcula que residían 40 mil coreanos, mayormente asentados en los barrios de Flores y Once de la Ciudad de Buenos Aires (García Daris, 2008: 9). Consiguientemente, en los noventa –pocos años después del crecimiento señalado– la actividad económica hizo más visible a esta comunidad con la instalación de comercios, talleres, fábricas del área textil, con la formación de asociaciones, la aparición de periódicos y la proliferación de comercios variados en el barrio denominado *Baek-ku* (Flores) que destacaba por sus carteleras en coreano (Mera, 2008: 3).

La participación que alcanzaba la República de Corea en el plano mundial hacia fines de los años noventa –con su "nueva diplomacia"[1] cuyo objetivo era la internacionalización, y con su participación en organismos internacionales, así como con la visibilidad de su colectividad en el país– dio forma y contenido a los primeros intereses académicos y a la labor de sus exponentes en los primeros tiempos. En la década posterior se abrirían mayores espacios y el impulso permitiría motivar a jóvenes que, como veremos en el siguiente apartado, profundizarían y ampliarían los temas de estudio sobre Corea.

Un párrafo aparte merece la Escuela de Estudios Orientales de la Universidad del Salvador que, a través de su mentor y conductor, R. P. Ismael Quiles S. J., inició sus actividades en el año 1967 dedicada a la historia, filosofía y religiones de Asia. Corea fue retratada por Quiles en su libro *El alma de Corea* (1987) y en variadas publicaciones del mismo autor (Quiles, 1985), donde detallaba sus impresiones de visitas al país que comenzaron en el año 1976. Si bien no lo ubicamos como parte del grupo de estudiosos que citamos más arriba, porque se ha dedicado a un estudio comprehensivo del pensamiento de Oriente, debemos mencionarlo como precursor indiscutido de los estudios sobre Asia en la Argentina.

---

[1]   La "nueva diplomacia" fue anunciada en 1993 por Han Sung-joo, Ministro de Asuntos Exteriores del gobierno de Kim Young Sam, con el objetivo señalado en el texto y en el marco del interés de la República de Corea por posicionarse como una potencia media a nivel regional y global. Para un tratamiento del tema, ver: Mo, J., "South Korea's middle power diplomacy: A case of growing compatibility between regional and global roles", *International Journal*, 2016, Vol. 71(4), 587-607.

Formación del campo y crecimiento: iniciando el siglo XXI

La labor realizada por los pioneros de los estudios coreanos no se limitó a sus trabajos individuales sino que, para-
lelamente, comenzaron a cimentar espacios y a contribuir
en la formación de jóvenes estudiantes. Un factor se destaca en este periodo al momento de dar cuenta del crecimiento del área: el apoyo económico de Korea Foundation. Esta fundación, creada en diciembre de 1991 por el
Ministerio de Asuntos Exteriores y Comercio, empezó sus
actividades con el objetivo de promocionar la imagen de
Corea del Sur en sus aspectos económico, científico y tecnológico, y promover el intercambio cultural y académico
con diferentes países (Velarde, 2015: 41). Los programas
incluyeron originariamente el establecimiento de cursos,
la financiación de profesores y de conferencias, congresos
o jornadas académicas y la donación de material literario. Luego incorporaron becas de estudios, foros bilaterales, financiación de traducciones y publicaciones, y creación de salas sobre Corea en museos artísticos del exterior
(Korea Foundation, 1992, 1996, 1998). Si bien en los primeros años los destinatarios de los programas fueron mayormente universidades norteamericanas con reconocida trayectoria en los estudios coreanos, a principios del nuevo
siglo, las universidades argentinas también comenzaron a
obtener patrocinio. Las primeras que resultaron beneficiadas fueron la Universidad Nacional de Córdoba, la Universidad del Salvador y la Universidad Nacional de La Plata,
en algún caso a través de becas de formación en Corea,
en otros casos con donación de libros y apoyo financiero
para diversas actividades académicas (Korea Foundation,
1999, 2000 y 2002).

El año 2003 marcó un hito en el desarrollo de los estudios coreanos no solo en el país sino en América Latina. Carolina Mera –por la Universidad de Buenos Aires y con el apoyo de la Korea Foundation– realizó, en el mes de octubre, el Primer Encuentro de Estudios Coreanos de América Latina. En él participaron 34 estudiosos de Argentina, México, Chile, Perú, Cuba, Brasil, Colombia y Corea (Korea Foundation, 2003: 9). No solo fue el primero de estos encuentros, que continúan ininterrumpidamente con una frecuencia bianual hasta el presente, sino que además proveyó del espacio para el intercambio de conocimiento sobre los estudios coreanos en cada país y para potenciar los vínculos entre académicos de diferentes latitudes y, al mismo tiempo, fue el puntapié para numerosos proyectos que contribuyeron a abrir y visibilizar –desde la mirada de los más jóvenes– un campo de estudios inexplorado y con muchas posibilidades de crecimiento.

En la sesión final de aquel evento se decidió crear una red de especialistas en el tema. Así, en 2004, se fundó la Asociación Argentina de Estudios sobre Corea (AAEC). La actividad central de la AAEC fue la organización de congresos nacionales. En 2005, se celebró el Primer Congreso Nacional de Estudios Coreanos y su organización estuvo a cargo del profesor Eduardo Oviedo de la Universidad Nacional de Rosario. En dicha actividad participaron más de 40 ponentes que presentaron sus trabajos ante más de 100 personas, entre estudiantes y asistentes (Di Masi, 2006: 98).

Durante toda la década, la AAEC llevó a cabo congresos anuales y fue incorporando miembros de universidades de todo el país. Es importante destacar que estos congresos contaban con una sesión específica para que estudiantes de grado pudieran exponer sus trabajos y avances, apoyados por sus profesores con ya mayor experiencia sobre la temática. Justamente, no es un dato menor porque muchos de ellos han desarrollado ya estudios de posgrado (algunos con becas del gobierno surcoreano, otros con becas doctorales y posdoctorales del CONICET) y hoy son los especialistas que ya están formando nuevas generaciones de investigadores en estudios coreanos en la República Argentina y también en América Latina.

En esta etapa también se abrieron nuevos centros de estudios como el Centro Corea Argentina de la Universidad de Buenos Aires, en el año 2005. En el mismo año se inauguró la carrera de Especialización en Estudios de Asia Oriental en la Universidad Nacional de Córdoba, orientada al entendimiento de los procesos histórico, social, político y económico de China, Corea y Japón. En 2007, se dictó por primera vez como parte de la Maestría en Relaciones Internacionales de la Universidad Nacional de La Plata el ciclo de orientación en Asia Pacífico, asimismo enfocado en China, Corea y Japón. En 2009, la Universidad Nacional de Tres de Febrero estableció su Especialización en Economía y Negocios con Asia del Pacífico e India, hoy ya elevada al rango de maestría. Sin lugar a dudas, todos estos espacios –que incorporaban y promovían el interés de jóvenes estudiantes– se complementaron con materias optativas enfocadas a Corea y al nordeste de Asia en general. Y, en varias universidades, especialmente en carreras del área de las Ciencias Sociales y Humanidades, se logró desarrollar cursos sobre idioma coreano.

Igualmente, en 2006, el gobierno surcoreano inauguró el Centro Cultural Coreano (CCC) en América Latina, con sede en la Ciudad Autónoma de Buenos Aires. Esta entidad colaboró fuertemente con el fortalecimiento de lazos entre ambos países a través de la organización y difusión de actividades culturales como conciertos, ciclos de cine,

muestras de arte, a través del dictado de cursos de idioma
coreano y de la apertura de su biblioteca. Y cabe destacar
que fue el primero de su tipo en América Latina.

El impulso local, motorizado por los programas de
apoyo de Korea Foundation, se materializó en una variedad de conferencias y seminarios dictados por especialistas coreanos, europeos, norteamericanos y latinoamericanos. Expertos como Bruce Cumings, John Duncan, Han
San-jin, Antonio Domenech, Alfredo Romero, Kim Won-
ho, entre muchos otros, disertaron en las diferentes casas
de altos estudios que integraban la recientemente creada AAEC. Al mismo tiempo, se publicaron traducciones
al castellano de libros clásicos como *El lugar de Corea en
el Sol*, de Cumings (2004), y *Fiebre educativa*, de Michael
Seth (2008). El material literario se fue completando con
las compilaciones de ponencias de los Congresos Argentinos de Estudios Coreanos (anuales) y de los Encuentros de
Estudios Coreanos de América Latina (bianuales).

La década del 2000 fue testigo de otro suceso importante para la construcción del campo de estudios. Como se
comentaba, muchos jóvenes recién graduados continua-
ron sus estudios de posgrado sobre Corea en el exterior
y muchos otros realizaron estancias de estudio de idioma
coreano y de investigación en la República de Corea. A su
regreso, fueron un motor importante para seguir avanzan-
do en la profundización del campo, generando proyectos
de investigación, actividades, abriendo cursos y seminarios obligatorios y optativos en distintas universidades e
ingresando al sistema de becas doctorales argentino con
investigaciones sobre Corea. Su aporte se vería reflejado
en la década siguiente, en un contexto donde el lugar más
alejado del planisferio ya no era tan desconocido.

Cine, K-pop y tecnologías de comunicación como aportes para el fortalecimiento de los estudios coreanos

En el último septenio la cultura popular de Corea del Sur se propagó considerablemente en distintos circuitos juveniles. El cine coreano, considerado el producto cultural más destacado de exportación en la década anterior, tuvo su auge en esta etapa, si por ello entendemos la llegada a un público mayor. En el año 2010, desde el Centro Cultural Coreano manifestaban que "cuando empezamos a realizar los ciclos de cine (2007), el público no superaba las siete personas, hoy debemos pedir que confirmen por anticipado la participación para evitar que se desborde la capacidad de la sala" (citado en Iadevito y Bavoleo, 2010: 83). Participaciones de filmes coreanos en BAFICI, Festival de Cine de Mar del Plata, la realización del Han Festival desde el año 2014 hasta la actualidad y numerosos Ciclos de Cine Coreano organizados por el CCC contribuyeron a expandir el interés por la cultura y por los estudios sobre Corea, en general. Diversos aspectos del cine fueron abordados en tesis doctorales, artículos y capítulos de libros por autores del país, y se publicó la traducción al castellano del libro *Cine coreano contemporáneo* de Lee Hyangjin en 2012.

Sin embargo, el mayor impulso provino del K-pop, música que se popularizó al extremo de que los principales diarios y programas televisivos de entretenimiento dedicaran minutos y letras haciéndose eco del fenómeno (Safiullina, 2014 y Scanarotti, 2014). El CCC también tuvo mucho que ver en ello en tanto la difusión del K-pop forma parte de la política de promoción de la cultura de Corea. Esta entidad, desde el año 2010, organizó concursos anuales donde jóvenes argentinos y latinoamericanos pudieron exponer sus destrezas y externalizar su pasión por este género musical. En alguna medida, esto provocó un crecimiento en el interés de jóvenes no solo por la industria del entretenimiento, sino por otros aspectos como la lengua, las costumbres y la historia de Corea. Como ejemplo podemos señalar que, en el año 2015 más de 100 estudiantes se inscribieron en los cursos de coreano del Centro de Estudios Coreanos de la Universidad Nacional de La Plata y más de una decena se acercó luego a tomar seminarios de política, economía y sociedad coreana. Además, Argentina se incorpora como socio regional a la Asociación Mundial de Estudios sobre Hallyu, con el objetivo de apoyar académicamente el crecimiento de la investigación sobre esta temática, siendo elegida sede del Segundo Congreso Mundial de Hallyu, en 2014.

Este foco de motivación se vio reflejado en el devenir de los estudios coreanos en Argentina. Distintas universidades dedicaron nuevos espacios a Corea. La Universidad de Mar del Plata, que había sido activa en el periodo anterior, abrió un Centro de Estudios Coreanos y Chinos, la Universidad Torcuato Di Tella un Programa de Estudios de Asia Pacífico, la Universidad Abierta Interamericana creó el Grupo de Estudios del Asia y el Pacífico y la Universidad Austral el Centro de Estudios Legales y Políticos de Asia. La demanda de conocimiento motivó la oferta de seminarios diversos. Así, varias universidades incorporaron la temática de Asia y de Corea, en particular, a sus currícula. Las redes internacionales, construidas en años anteriores, colaboraron notoriamente para que especialistas y clases estuvieran al alcance local, y en ello, sin ninguna duda, la tecnología tuvo un rol fundamental.

Más allá de admitir unir distancias remotas y hacer posible que un término desconocido como *Gangnam*[2] inundara las redes sociales y los buscadores en el 2013 en Argentina, la Internet posibilitó la cooperación entre especialistas en estudios coreanos y aumentó las asignaturas disponibles para estudiantes interesados, y al mismo tiempo permitió la interacción de estudiantes argentinos con sus pares latinoamericanos. En 2011, por primera vez –bajo la iniciativa de la Universidad de California, Los Ángeles y la Korea Foundation–, se inauguró el ciclo e-school con el seminario Política Internacional en el Noreste de Asia: Corea y su Contexto Regional coordinado por el director del programa, John Duncan y al que asistieron (vía Skype) 27 estudiantes de las universidades Autónoma de México, El Colegio de México y Nacional de La Plata en Argentina. Ininterrumpidamente, aunque con cambios que contribuyeron a expandirlo, el programa continuó hasta hoy con la presencia de más de una decena de universidades latinoamericanas.

En el año 2014, con la anuencia del Comité Ejecutivo del Programa y de la Korea Foundation, la Universidad Autónoma de Nuevo León asumió la dirección del *e-school*. Bajo la nueva conducción, de Renato Balderrama, se regularizó el dictado de cuatro seminarios semestrales, se estableció el empleo de una plataforma de aula virtual, se comenzaron a impartir los cursos en idioma castellano por especialistas en estudios coreanos de más de cinco países de América Latina y de Corea, y la presencia argentina creció adecuándose a la demanda local.

---

[2] Gangnam es un distrito al sureste de Seúl que cobró notoriedad con la canción del género K-pop *Gangnam Style* del cantante Psy. El tema consiguió 2 mil millones de reproducciones en YouTube y se ubicó en el primer lugar de los rankings radiales en Argentina durante 2012-2013.

En el año 2015, a la tradicional participación de la Universidad Nacional de La Plata que continuó ofertando los cursos, se sumó la Universidad Abierta Interamericana y, al año siguiente, la Universidad Nacional de Córdoba. El incremento en la participación de universidades de nuestro país en el *e-school* se reflejó también en la incorporación de seminarios a cargo de especialistas vernáculos. En el periodo enero-mayo de 2015, María del Pilar Álvarez de la Universidad del Salvador participó, junto con Wonjung Min de la Pontificia Universidad Católica de Chile, del dictado del seminario Cultura Pop Coreana; en el semestre junio-diciembre, Bárbara Bavoleo de la Universidad Nacional de La Plata impartió, junto con Luis Lojero del Tecnológico de Monterrey, el curso Sistema político, sociedad y demografía de Corea y, en enero-mayo de 2017, Luciano Bolinaga de la Universidad Abierta Interamericana dictó América Latina en la era del Pacífico, relaciones internacionales y comerciales con Corea, Japón y China, seminario que ha sido confirmado también para el primer semestre de 2018.

Esta red, bajo los auspicios del programa *e-school*, implicó mayores contribuciones al desarrollo de los estudios coreanos en Argentina y en América Latina. Así, la Internet facilitó el acceso a mayor cantidad de alumnos y, además, al dictarse los cursos en español, mayormente, esto último también quitó complejidad para iniciar alumnos en los estudios coreanos. En su marco, la Universidad Abierta Interamericana recibió en 2016 al profesor Steve Lee de la British Columbia University que dictó un curso intensivo en idioma inglés, titulado Korea and the World since 1876. Asimismo, en 2017, la Universidad Nacional de Córdoba contó con la visita de Namhee Lee de la Universidad de California, quien dio el seminario La Península Coreana. Antecedentes históricos y situación actual, en el que fueron admitidos alumnos de todas las universidades argentinas gracias al apoyo económico de la Korea Foundation para sus traslados y alojamientos.

Como producto, también del mencionado programa, se realizó en junio de 2017 en la ciudad de Rosario el Primer Seminario de Estudiantes Argentinos del e-School: homenaje al profesor Jaime Silvert, con la iniciativa y coordinación de Luciano Bolinaga del Grupo de Estudios del Asia y el Pacífico de la Universidad Abierta Interamericana y con colaboración y apoyo de la Embajada de la República de Corea en Argentina. En él se reunieron estudiantes de las tres universidades argentinas participantes del *e-school* para exponer sus trabajos finales de los cursos tomados, de cuya revisión y profundización de las temáticas surgen los siguientes capítulos de este libro. El encuentro fue fructífero, entre otras cosas, porque se trató de un ámbito específicamente destinado a jóvenes que les permitió interactuar, discutir y entablar diálogo con sus pares en torno a un interés compartido: los estudios coreanos.

Sin duda, y con muchos aportes producto de la labor de años anteriores, de la cooperación y apertura del campo a múltiples universidades del país, de los organismos coreanos que promovieron de diversas formas los estudios sobre su país y de las diferentes coyunturas globales y locales, los estudios coreanos han logrado ocupar un lugar en el entorno académico argentino que, aunque debe profundizarse, es valorable en función de su crecimiento y visibilidad.

A modo de conclusión: evaluación y perspectivas

En poco menos de tres décadas, el avance en el estudio y conocimiento sobre Corea en Argentina ha sido considerable al punto tal que es posible sostener que es el país latinoamericano con mayor cantidad de especialistas con estudios de doctorado y maestría; mayor cantidad de universidades con oferta de cursos, seminarios y talleres sobre aspectos de la cultura, la lengua, la historia, la política, la economía y las relaciones internacionales de Corea y con un número constante y vasto de actividades anuales destinadas a la difusión y promoción de las relaciones bilaterales entre Argentina y Corea. Como hemos detallado en los acápites anteriores, varios factores contribuyeron a este desarrollo que podemos resumir en: una iniciativa constante por parte de los primeros referentes del área; un apoyo financiero imprescindible a cargo de instituciones coreanas y oportunidades de contexto que facilitaron la expansión de demanda por información y conocimiento en el área específica.

Ciertamente, los desafíos siguen siendo muchos. Construir una agenda pública y privada compartida entre ambos países; avanzar en la superación de las dificultades de comunicación entre nuestras lenguas; reparar la escasez de fondos destinados a eventos, proyectos y comunicaciones científicas sobre la temática y contribuir a fomentar un interés mayor en las generaciones de estudiantes, son tan solo algunos de esos desafíos.

Sin embargo, y afortunadamente, existen probabilidades de progreso para superar algunos de esos nuevos desafíos. En primer lugar, la aparición en la agenda pública de variados proyectos de cooperación con la República de Corea, por ejemplo: los planes de cooperación en el área de e-gobierno y *smart cities;* las visitas oficiales de los años

2016 y 2017 y los diálogos exploratorios que culminaron recientemente para la firma de un acuerdo comercial entre Corea y el Mercosur. Todos esos ejemplos contribuyen a poner en una plana perceptible a Corea y su realidad. En segundo lugar, la multiplicación en la oferta y la demanda de cursos de idioma coreano en el país genera expectativas para profundizar la relación bilateral. Y por último, los esfuerzos compartidos entre las distintas instituciones educativas, de sus profesores, para optimizar recursos en pos de convertir los estudios coreanos en un campo próspero de construcción de conocimiento. Precisamente, la prueba más reciente de esto último es el libro que ustedes se encuentran leyendo.

Bibliografía

Courtis, C. (2000). *Construcciones de alteridad. Discursos cotidianos sobre la inmigración coreana en Buenos Aires.* Buenos Aires: Eudeba.

Cumings, B. (2004). *El lugar de Corea en el sol,* Córdoba: Comunicarte.

Di Masi, J. (2006). "The challenge of developing korean studies in Latin America", *Revista HMiC*, número IV, 97-100.

García Daris, L. (comp.) (1998). *Corea: antigüedad y actualidad.* Buenos Aires: Eudeba.

García Daris, L. (comp.) (1990). *Estudios sobre Corea.* Buenos Aires: Ediciones De Palma.

García Daris, L. (2008). "La integración de la colectividad coreana en Argentina desde los aspectos de las artes marciales y la cultura", en Rimoldi, H. (coord.), *Cuaderno N° 4 República de Corea*, CARI, Buenos Aires, 8-20.

Gutiérrez, H. (2001). "Corea en los 90: las estrategias de las economías asiáticas industrializadas ante la globalización", *Estudios Internacionales*, Vol. 34, núm. 134, 57-73.

Iadevito, P. y B. Bavoleo (2010). "Nuevas tendencias. Los ciclos de cine coreano como vía de transmisión cultural en la ciudad de Buenos Aires", *Koreana*, 82-83.

Korea Foundation, *Annual Reports*, 1992, 1996, 1998, 1999, 2000 y 2002, consultados el 29 de noviembre de 2017. Disponibles en: https://goo.gl/Qsd7yp

Lee, H. (2011). *Cine coreano contemporáneo*. Buenos Aires: Santiago Arcos.

Mera, C. (2008). "La comunidad coreana en Buenos Aires. Una experiencia de convivencia intercultural", *Revista Sociedad*, FSOC UBA, 1-10.

Mera, C. (1998). *La inmigración coreana en Buenos Aires: multiculturalismo en el espacio urbano*. Buenos Aires: Eudeba.

Paz Iriberri, G. (2001). "Las relaciones entre Argentina y Corea del Sur: evolución y perspectivas", *Estudios Internacionales*, Vol. 34, núm. 134, 29-56.

Quiles, I. (1985). "Perspectivas de la educación en Corea", *Oriente-Occidente*, 6 (1-2), 149-165.

Quiles, I. (1987). *El alma de Corea*. Buenos Aires: Depalma.

Safiullina, A. (2014). "Los fanáticos argentinos se suben a la ola del pop coreano", *La Nación*, publicado el 12 de julio de 2014, consultado el 20 de noviembre de 2017. Disponible en: https://goo.gl/krosto

Scanarotti, M. (2014). "K-Pop: el fenómeno mundial ya tiene 20.000 fanáticos en la Argentina", *Clarín*, publicado el 28 de noviembre de 2014, consultado el 20 de noviembre de 2017. Disponible en: https://goo.gl/NecEgz

Seth, M. (2008). *Fiebre educativa*. Buenos Aires: Prometeo.

Silbert, J. y J. Santarrosa (comps.) (1998). *Desarrollo económico y democratización en Corea del Sur y el Noreste Asiático*. Córdoba: Comunicarte.

Silbert, J. (comp.) (1997). *La República de Corea hoy*. Córdoba: Comunicarte.

Velarde, S. (2015). "Los estudios coreanos en América Latina", *Asiadémica*, núm. 5, 39-48.

2

La constitución de 1895

El fin del Reino Ermitaño

ESTEFANÍA KUHN

Contextualizando una aproximación hacia una Constitución del siglo XXI

Cuando nos aproximamos al conocimiento del sistema jurídico de un país lo primero que analizamos es su Constitución. En el caso de la República de Corea, la primera Constitución se sancionó en 1948 y consagró un sistema presidencialista –similar al de Estados Unidos– dando nacimiento a la Primera República. Desde entonces, el texto fue atravesando diferentes etapas, pero en 1987 al sancionarse la novena reforma constitucional nació la Sexta República y, en ese momento, la norma fundamental se transformó en la base de la consolidación de Corea como un Estado de Derecho. Cabe destacar que una de las mayores innovaciones de esta enmienda fue el establecimiento de la Corte Constitucional.

De acuerdo a la teoría jurídica, una constitución está conformada por un preámbulo (enunciación de principios), la parte dogmática (derechos fundamentales) y, finalmente, la parte orgánica (división de poderes). Dentro de las numerosas enunciaciones, vemos que la norma fundamental coreana establece en el preámbulo:

> Nosotros, el pueblo de Corea, orgullosos de la historia y tradiciones resplandecientes que datan de tiempos inmemoriales, apoyando la causa del Gobierno Provisional de la República de Corea nacido del Primer Movimiento de Independencia de 1919 y los ideales democráticos del levantamiento de 1960 contra la injusticia, habiendo asumido la misión de reforma democrática y de unificación pacífica de nuestra patria y habiendo determinado consolidar la unidad nacional con justicia, humanitarismo y amor fraternal, y para destruir todos los vicios sociales e injusticias, y proporcionar igualdad de oportunidades a todas las personas, proporcionar el máximo desarrollo de las capacidades individuales en todos los ámbitos, incluida la vida política, económica, cívica y cultural, reforzando aún más el orden básico democrático libre propicio a la iniciativa privada y la armonía pública; ayudar a cada persona a cumplir con los deberes y responsabilidades concomitantes a las libertades y derechos, elevar la calidad de vida de todos los ciudadanos y contribuir a la paz mundial duradera y a la prosperidad común de la humanidad y, por lo tanto, garantizar la seguridad, la libertad y la felicidad para nosotros y nuestra posteridad para siempre...

Por otro lado, en el artículo primero la Constitución dice: "La República de Corea será una república democrática". Por supuesto, esta fórmula democrática que se adoptaba es inseparable del contexto de la Guerra Fría. En rigor, no hubo mucho margen político para un debate sobre la organización constitucional del Estado coreano. Y, sin embargo, una constitución no solo es un conjunto de derechos sino que representa las bases sobre las que se asienta la estructura jurídica de un Estado y, si no es legítimamente sancionado, la justicia social y el desarrollo económico de la sociedad no parecen ser posibles. En otras palabras, no es algo que pueda tomarse a la ligera. Los ciudadanos deben estar amparados por ella, sobre todo en los momentos más difíciles de un contexto social dado.

En agosto de 2008, con motivo de cumplirse veinte años del establecimiento del Tribunal Constitucional, Ha Chul-yong (Secretario General) sostenía que:

> Desde que el Tribunal Constitucional fue establecido el 1 de septiembre de 1988 en medio de deseos y expectativas de creación de un Estado verdaderamente democrático, los logros de la Corte durante los últimos veinte años han sido nada menos que sorprendentes. Solo en términos estadísticos, la Corte ha tenido que expedirse en quince mil setecientos casos presentados ante sus estrados. De estos, el número de casos en los que leyes y disposiciones se han declarado inconstitucionales equivalen a aproximadamente quinientos. En otros trescientos casos, la Corte ha dictado sentencias declarando que el poder del Estado había violado los Derechos del pueblo. De esta estadística sola, es fácil ver que los últimos veinte años han sido un periodo de incomparable crecimiento en el derecho constitucional, a diferencia de cualquier otro periodo en la historia constitucional de Corea. Con la consolidación firme del sistema de control constitucional, las actividades tanto de la legislatura como del poder ejecutivo se mantienen constantemente bajo la mirada de la Constitución para asegurar la legalidad y constitucionalidad de cada decisión. Como consecuencia, la Constitución se ha arraigado como norma viva, norma suprema de la tierra que regula el Estado y empodera al pueblo. Además, al resolver diversos conflictos y controversias sobre las principales disputas sociales, el sistema también ha contribuido a la armonía y la unidad del pueblo coreano. Corea fue la primera entre las naciones asiáticas en adoptar una institución independiente dedicada al control constitucional. Esto fue una contribución fundamental para el desarrollo de la democracia... (Corea C. C.: 2-3).

Los ordenamientos jurídicos son el fruto de normas creadas por muchas generaciones que consolidan un determinado sistema legal para una sociedad establecida o varias sociedades en el tiempo. El proceso histórico que nos ubica en el actual derecho constitucional coreano comenzó hace varios siglos, cuando la península coreana era un reino confuciano y ermitaño.

Confucio: un sistema de valores

La mayor influencia en la construcción de una tradición filosófica en las sociedades asiáticas provino de China, del sistema tributario. Y, más específicamente, de un filósofo que nació en el 551 a. C. llamado Confucio (*Kong-Fu-zi*), que creó un código de ética y de comportamiento. El contexto en el que vivió fue una época de gran inestabilidad política y sus principales enseñanzas no fueron escritas por él mismo sino por sus discípulos, que han sido compiladas en las *Analectas*. Allí se agrupan los pilares de la filosofía confuciana: por un lado, el camino correcto o *dao* (que es el medio mediante el cual se llega a un mundo mejor, un mundo humano[1]); por otro lado, la piedad filial (que va junto con el respeto a los antepasados y la tradición). Además, la filosofía confuciana enaltece la rectitud entendida como el respeto al lugar que cada uno ocupa en la sociedad y el llevar adelante acciones que nacen con el deber pero que también son moralmente correctas; y el hacer el bien a los demás, entre otras. Este conjunto de valores o principios morales influyó no solo a China sino también a otros países del Este asiático y se mantiene hasta nuestros días en muchos casos.

No se puede dudar entonces de la fuerte influencia que Confucio ha tenido en la formación de la sociedad coreana y en los valores que ella comparte. La mayor parte

---

[1] No como la idea cristiana de llevar una vida virtuosa para llegar al reino de los cielos, sino una mejor vida terrenal.

de lo que se conoce como cultura o tradición coreana fue el resultado de una reorganización social que comenzó en el siglo X (Cumings, 2004). La adopción del confucianismo se produce de manera paulatina pero nace con la dinastía Choson a través de las enseñanzas neoconfucianas de Chu Hsi, que establecía preceptos para la renovación social y política.

La dinastía Choson y la elite impusieron el confucianismo como sistema dominante de pensamiento. El impacto más profundo vino de la modificación de las costumbres, las prácticas religiosas y las relaciones sociales hasta el nivel familiar (Kiung Monn, 2010). De hecho, se estructuró la sociedad por tres tipos de relaciones[2] y el comportamiento obedecía a cinco mandatos[3], todo derivado del confucionismo. Con el tiempo, la doctrina se convirtió en miles de observancias rituales (León Manríquez, 2009).

Además de las virtudes filiales, lo que en la práctica mantenía unido al sistema era la educación, siendo la figura central el denominado verdadero caballero, el funcionario virtuoso y culto que gustaba por igual de la poesía y de la política. A lo largo de la dinastía Choson, todos los registros oficiales, toda la educación formal y la mayoría de los discursos escritos estaban en chino clásico, como lo estaban los exámenes que constituían el centro de la civilización coreana. Uno de los aspectos más sobresalientes de la educación influenciada por el confucianismo fue la implementación de exámenes para los funcionarios públicos. Todo esto se proyectó en la formación de un Estado

---

[2] Gobernante y súbdito; padre e hijo y marido y esposa.
[3] Honrar al gobernante, al padre y a los hermanos mayores; ubicar al marido y a la esposa en ámbitos diferentes de deber y obligación y hacer que la fidelidad uniera a los amigos.

confuciano que duró 500 años, durante los cuales el rey fue considerado siempre el padre del Estado (León Manríquez, 2009).

El sistema de valores confucianos institucionalizados durante la dinastía Choson influyó también en las relaciones políticas y económicas con los países vecinos. En lo económico, se siguió la promoción activa de la agricultura y el control estricto del comercio. En lo político, las relaciones eran consideradas como una extensión de las relaciones interpersonales; por eso, el emperador chino debía ser reconocido como el hermano mayor del rey coreano (León Manríquez, 2009). Esto configuró lo que se conoce como orden mundial chino o sistema tributario chino.

Las relaciones interestatales en este orden mundial tenían ciertas características. El emperador chino debía ser tratado como el único emperador en el mundo, los demás Estados (menores) debían enviar emisarios a la corte o, si China enviaba emisarios, estos debían ser tratados con solemnidad. En ese marco se perseguía también el intercambio comercial –particularmente de oro, plata y ginseng– por parte de los emisarios coreanos y, estos últimos, recibían telas de seda, satín, hierbas medicinales y otros bienes. En suma, China demandaba del reino Choson obediencia, la presentación del tributo y una coexistencia pacífica basada en la no interferencia en los asuntos internos (León Manríquez, 2009).

La cultura es la identidad de un pueblo. El entendimiento de una cosmovisión distinta puede ser complejo, pero a través del conocimiento se pueden crear puentes para evitar situaciones del pasado o nuevos conflictos culturales. Cuando el sistema de valores confuciano se encontró con el cristianismo en Corea, hubo distintas reacciones. El encuentro con Occidente había comenzado indirectamente a principios del siglo XVII cuando los enviados de

Corea a China iniciaron sus contactos con las ideas cristianas y la ciencia europea. En un comienzo los coreanos lo llamaban simplemente "el aprendizaje occidental" y, más allá de la curiosidad intelectual, ese conocimiento comenzó como un desconcierto sobre esa nueva cultura y cierta aversión a elementos que parecían totalmente contrarios a los principios confucianos. Con el tiempo, tanto el gobierno como las elites dominantes rechazaron el cristianismo. ¿Qué significó para Corea aceptar el cristianismo? No significó que un ciudadano libre pudiera elegir una religión o una iglesia entre muchas. Tampoco significaba para un coreano elegir la enseñanza confuciana o el cristianismo. Más que cualquier otra cosa, significaba pasar a un marco totalmente diferente del significado del camino, la verdad, y la vida, del "vivir y actuar en consecuencia". El imperativo cristiano implicaba una reorientación radical de la vida de ese momento. La nueva religión occidental no podía introducirse sin causar un cambio en la cosmovisión de la población coreana. La introducción del cristianismo fue posible en la medida en que el sistema coreano, luego de mucho tiempo, estaba en un estado de desorden (Chung, 1997).

El Reino Ermitaño

La península coreana fue gobernada por la dinastía Choson desde el siglo XIV hasta 1910, si bien desde 1894 la influencia japonesa va incrementándose. El sistema legal y el de gobierno estaban basados en los principios y el orden neoconfuciano. Esta filosofía fue la ley suprema que gobernó a la dinastía, la burocracia y justificó el poder de la elite dominante. Configuraba, además, una serie de normas o guías de comportamiento. Y, como consecuencia, la ley existía como una fuerza secundaria que sostenía los principios neoconfucianos. Por lo tanto, estructuralmente el sistema jurídico estaba compuesto por normas penales o administrativas. A pesar de que las leyes no tenían referencia a elementos espirituales o divinos, el Estado era la única autoridad moral capaz de impartir justicia (Yoon, 2010).

Por la proximidad con China, Corea era un miembro muy importante del sistema tributario encabezado por aquel país. La obra de Immanuel (2000) da cuenta de que, entre 1637 y 1894, no menos de 507 misiones coreanas fueron a Beijing, mientras que 169 misiones chinas viajaron a Corea. Tan importante era la península para China que en 1592 la dinastía Ming envío 211.500 hombres a Corea para defenderla de una invasión japonesa y lo mismo hizo en 1597, según los registros del mismo autor. Los coreanos siempre estuvieron agradecidos y fueron muy respetuosos de China. Vivian bajo sus políticas y su cultura, y describían sus relaciones con el país como "sirviendo al grande", para distinguirlas con el tipo de relación que tenían con Japón que era más bien de "vecinos".

Desde 1637 los coreanos cerraron su país por estas y otras invasiones sufridas y no mantuvieron relaciones con los demás Estados, salvo con las misiones tributarias a China y delegaciones ocasionales a Japón. Por esta razón, Corea, era conocido como el Reino Ermitaño (Immanuel, 2000). Si se considera esta perspectiva, se entiende cuál era la razón por la que la elite coreana quería abolir la influencia externa en su territorio: deseaban mantener el delicado equilibrio del orden imperante, impidiendo el libre flujo de ideas (León Manríquez, 2009).

La llegada de Occidente

A pesar de la intención de mantener a Corea "protegida" del exterior, a finales del siglo XVIII comenzaron a tener lugar ciertas situaciones que hacían pensar que ese hermetismo no iba a poder seguir adelante por mucho tiempo más. Es a través de China que las primeras ideas cristianas llegan a Corea, traídas por los mismos emisarios del sistema tributario. El contexto mundial de ese entonces había estado marcado por las denominadas revoluciones liberales europeas que, de alguna u otra manera, transformaron el sistema social y económico de la mayoría de los países. Por esta razón, al arribo del cristianismo le siguió en 1797, 1816 y 1832 la presencia de barcos de guerra y naves comerciales en las costas coreanas provenientes del Reino Unido, Francia y Rusia en demanda de comercio (León Manríquez, 2009). Es decir, el declive de la China imperial da lugar a una mayor influencia de Occidente en la región. Es en este periodo donde comienzan a sancionarse las primeras constituciones occidentales liberales que incluían principios como la división de poderes en el sistema político, la protección del individuo, una clara división entre el Estado y la sociedad, la propiedad privada, entre otros. Estas ideas también llegarían a la península coreana y serían absolutamente contrarias al orden confuciano.

Luego de la llegada de Occidente al este asiático, Corea se vio obligada a ingresar al sistema de comercio capitalista, a adoptar valores religiosos diferentes a los propios de ese momento y a la apertura de las relaciones diplomáticas. Pero la elite se oponía a todos estos cambios sosteniendo que su país era muy pequeño y pobre para comerciar con el exterior y su población incapaz de entender el cristianismo (Immanuel, 2000). Así, los líderes coreanos eran conscientes de que la posición de China se había transformado por el arribo de los poderosos buques de guerra y comerciantes occidentales, pero reaccionaron a la Primera Guerra del Opio cerrando aún más fuertemente las puertas de Corea al contacto con Occidente.

En el año 1864, Taewon-gun[4] toma el poder pero su restauración no traía una ideología nueva, no había una renovada conexión con el pueblo, no había un modelo nuevo de política estatal, ni tampoco había planes de utilizar la tecnología occidental para construir un país diferente. Si bien enfrentó a la aristocracia y por eso perturbó el balance real de poder en la burocracia agraria, era un conservador, sostiene Cumings (2004). En un contexto donde las condiciones sociales del reino no eran las mejores y había señales fuertes de deterioro, la sociedad de Choson se enfrentaba a un dilema entre el cambio y la tradición.

Al optar por el aislacionismo, Taewon-gun logró preservar la unidad de la nación pero eso puso un freno a la posibilidad de cambio social que se requería para superar el aislamiento económico (León Manríquez, 2009). El escenario que nos enseña Corea, a partir de 1870, es aún más complejo. Por un lado, existía una dificultad muy fuerte de emprender reformas debido al conservadurismo de la ideología política dominante; había además un enfrentamiento faccionario con que solían zanjarse asuntos políticos, había corrupción de la burocracia, pero además los miembros de la elite buscaban el consejo de aliados entre las potencias extranjeras. En este escenario se configuró, inevitablemente, una marcada distancia entre el gobierno y el resto de la población (León Manríquez, 2009).

Esta fue la coyuntura en la que finalmente Japón comienza a intervenir en los asuntos internos de la península coreana. Luego de un incidente militar, en 1876, se

---

4   Príncipe Yi Ha-Yung, padre del niño de 11 años que sucedió en el trono al rey Cholchong.

firma el Tratado de Kanghwa, el cual era una copia de los tratados desiguales que las potencias habían impuesto a China y a Japón. El mismo estipulaba la apertura de los puertos coreanos y el derecho de extraterritorialidad para los japoneses residentes en Corea. Pero el punto más destacado, y al que China no se opuso, estaba en el artículo 1: se sostenía que Corea era un Estado independiente y soberano. Además, Japón se garantizó el uso de su moneda en los puertos coreanos, la exención de impuestos a la importación de productos japoneses, el establecimiento de una misión diplomática en Seúl y consulados en los puertos comerciales (León Manríquez, 2009). De modo que el declive chino no solo abrió el terreno para la mayor influencia Occidental, sino también del Japón que venía modernizándose desde la Reforma Meiji. Analizando este momento histórico se puede sostener que con la llegada de las potencias industriales comienza una modernización de Corea; no obstante, se dejaba de lado un proceso fundamental: la participación política de los campesinos comunes (Cumings, 2004). La modernización no era política.

El control chino llegó a su fin en 1894, cuando quedó fuera del control gubernamental el movimiento Tonghak, una revuelta campesina que preconizaba la igualdad social. Las causas del levantamiento fueron el daño que sobre la vida de los campesinos infringían el autoritarismo y la corrupción gubernamentales, la ineficiencia de su aparato administrativo y la intrusión extranjera. El avance logrado por los rebeldes obligó al gobierno coreano a solicitar, como había hecho en otras oportunidades, la ayuda militar de China. En respuesta, Japón también envió tropas dando lugar a un enfrentamiento entre ambos países que terminó con la derrota china. El Tratado de Simonoseki de 1895 viene a presentar la génesis de un nuevo orden en el Este Asiático y eso representó un *shock*

cultural y psicológico para la sociedad coreana, un ingre-
diente externo crucial para comenzar el proceso interno de
reforma e iluminismo, dice Kiung Monn (2010).

Las reformas Kabo

Como consecuencia de todo este proceso, entre 1894 y
1896, se sucedieron una serie de reformas en Corea conocidas como reformas Kabo. Se trató de un movimiento de
modernización, orientado hacia Japón y el Oeste (Duncan
y Kim, 2009). Fue la conclusión de un proceso de cues-
tionamiento del sistema establecido y el intento por llevar
adelante una serie de reformas que mostraran las diversas
ideas occidentales que los coreanos habían aprendido e
incorporado en sus vidas. Hasta ese entonces la tradición
había construido un Estado piramidal, basado en las jerarquías del confucionismo.

Todo este nuevo programa político fue llevado adelante por una entidad especial conocida como Consejo Deliberativo, que tenía como misión discutir y tomar posición
sobre las oficinas gubernamentales centrales y provinciales, las oficinas de distritos y condados, todos los reglamen-
tos relativos a asuntos administrativos y judiciales, todas
las reformas relativas a cuestiones fiscales y financieras, la
administración de la educación y militar, todos los asuntos
relativos a la industria y al comercio y todos los asuntos
relativos a la defensa del reino. El Consejo Deliberativo
estaba compuesto por un presidente (Primer Ministro), un
vicepresidente (el miembro de más alto rango del Consejo) y entre diez y veinte consejeros. El grupo más numeroso en el Consejo, el grupo Kabo, estaba formado por
funcionarios de edad avanzada provenientes de las elites
político-sociales. Muchos miembros de este grupo habían

sido partidarios de las reformas al estilo "la vía oriental
con máquinas occidentales". Sin embargo, ellos se sorpren-
dieron frente a la ineptitud de las fuerzas del ejército y la
armada de la dinastía Qing y estaban dispuestos a contem-
plar la posibilidad de una reforma más radical (Duncan
y Kim, 2009).

Un segundo grupo, conocido como el grupo Kapsin,
se componía principalmente de hombres jóvenes que
creían en la "civilización e ilustración" y que habían apoyado el golpe de Estado fallido de 1884. Sus filas incluían
a hombres que habían estudiado en el exterior, ya sea en
Japón o Estados Unidos, e incluía también a varios hombres que como hijos de concubinas habían sufrido dis-
criminaciones tanto legales como sociales bajo el sistema
antiguo. Este grupo tendía a admirar mucho los logros del
Japón Meiji y esperaba sacar provecho de la presencia militar japonesa en Seúl para impulsar un programa de reformas radicales al estilo occidental (Duncan y Kim, 2009).

Un tercer grupo, conocido como el Club Chongdong,
estaba formado principalmente por hombres de origen eli-
tista, pero también incluía a algunos hijos de concubinas.
Este grupo compartía con el grupo Kapsin el deseo de rees-
tructurar el gobierno y la sociedad de una manera rápida
y profunda. Sin embargo, los líderes de este grupo estaban preocupados por las intenciones de Japón en Corea.
Ellos habían pasado un tiempo en Estados Unidos y Rusia
y buscaban usar a estos dos países como contrapeso frente
a Japón (Duncan y Kim, 2009).

Por último, un pequeño grupo llamado *Taewŏn'gun*
estaba integrado por funcionarios miembros de la familia
real o estrechamente vinculados a ciertos elementos de la
Corte. Ellos tendían a ser bastante conservadores, si no
abiertamente reaccionarios, y trabajaron detrás de escena en un esfuerzo por impedir que el Consejo Deliberati-

vo implementara ciertas reformas. Desde esta "Asamblea" salieron algunas de las ideas más revolucionarias para el *statu quo*, teniendo en cuenta la estructura que tenía el orden confuciano. En primer lugar, una de las primeras resoluciones fue que "incluso un plebeyo que verdaderamente tenga ideas que beneficien al Estado y el bienestar de la gente puede presentar un memorial para que sea debatido en el Consejo..." (Duncan y Kim, 2009: 16).

Durante la primera ronda de reformas se establecieron las medidas que reflejaban claramente el proceso de cambio que abarcaba la vida de todos los coreanos. Por un lado, el calendario no debía más basarse en el chino imperial sino en aquel que había establecido la dinastía Choson en 1392 (Kiung Monn, 2010), y el uso del alfabeto coreano obligatorio en todos los documentos oficiales. En cuanto a las relaciones diplomáticas, fue el establecimiento de un pie de igualdad y autonomía con respecto a China, pero cedió a las demandas militares y económicas de Japón. Es así que se resuelve "contratar un asesor extranjero en cada ministerio" y de ese modo ingresaron los asesores externos (japoneses) al gobierno de Corea (Duncan y Kim, 2009).

En cuanto a las reformas políticas y administrativas, se abolió el sistema de exámenes para el servicio civil y se implementó un nuevo sistema de examinación; el rey se convirtió en un monarca constitucional, se organizaron ocho ministerios y un Consejo de Estado, se introdujo un sistema burocrático en base al modelo japonés, entre otras medidas. En relación a la economía, se creó el Ministerio de Finanzas y un sistema monetario pero no se reformó la propiedad de la tierra ni el orden impositivo.

En cuanto a lo social, la tradicional sociedad de Choson puede caracterizarse como un sistema centrado en el estatus de los Yangban. Las reformas en este sentido buscaron abolir todas las prácticas abusivas de la elite: se abolió el reclutamiento de oficiales basado en el estatus. Se estableció un orden social y democrático, la emancipación de esclavos, la abolición de las restricciones que iban en contra de segundos hijos, un mejor trato a la mujer y reformas matrimoniales. En cuanto a la educación, la creación de un ministerio de Educación separado del antiguo Ministerio de Ritos refleja el espíritu revolucionario de estas propuestas.

No mucho tiempo después de comenzadas las reformas Kabo, el gobierno japonés, preocupado de las distintas discordias que se generaban dentro del gobierno coreano por las ideas que se proponían al consejo, toma una intervención mucho más fuerte en la segunda rueda de reformas:

> Dado que todas las fuerzas de la dinastía Qing en Choson han sido derrotadas en la batalla de Pyonyang, aquellos coreanos que mostraban una actitud ambigua, que jugaban a dos puntas en espera de ver de qué manera proseguía la guerra, ahora abandonarán sus dudas y tendrán una orientación fija. Si seguimos dejando la conducción de la gestión institucional de Corea y los asuntos exteriores en manos de los inexpertos coreanos, no hay manera de saber qué cosas no deseadas podrían suceder causando [...] que Corea se convierta en nada y también trayendo resultados desfavorables para nosotros. Debemos aprovechar el cambio en la mentalidad de la gente después de la victoria de Pyonyang, el Primer Ministro se centra en la expansión de nuestro poder sobre la Corte Coreana (Duncan y Kim, 2009: 131).

Se promulgan muchas leyes, convocando a los consejeros japoneses a todos los ministerios, y se reorganiza el sistema judicial. Corea tenía ahora un sistema judicial legal y racional, y una policía nacional que abarcaba todo el país. En total, se sancionaron 208 leyes y todo fue incorporado a la Constitución de 1895. Los nacionalistas coreanos ven estas reformas como el fomento de los intereses económicos y políticos de Japón en Corea (Cumings, 2004).

Los líderes coreanos intentaron revertir algunas reformas, pero el ministro japonés, Miura Goro, decide terminar con la oposición y asalta el palacio Kyonbok que termina con el asesinato de la reina Min y levantamientos en todo el país. Ante esta situación, el rey pidió ayuda en Rusia y es aquí donde esta potencia comienza a influir en el gobierno coreano. En 1897 el rey se instala en el palacio Toksu y se nombra emperador, porque consideraba que el título de rey no era propio para un soberano de un Estado independiente (León Manríquez, 2009).

Corea, a finales del siglo XIX, deja definitivamente de ser el Reino Ermitaño. Lleva adelante un intento de modernización pero no toma estas decisiones solo, y las consecuencias se ven en la invasión japonesa de 1904. Ya con la derrota de Rusia a manos del Japón, en 1905, se termina de consolidar el ascenso de la potencia asiática. Y la península coreana fue el escenario del imperialismo japonés en Asia. Es decir, no quería abrirse a Occidente, pero como sostiene Cumings: "Japón era la meca del progreso, y para los coreanos que gemían bajo el yugo de una aristocracia que, casi en total colapso, parecía solo reservar más privilegios para ella misma, las reformas fueron un antídoto bien recibido..." (Cumings, 2004: 134).

Conclusión

Luego de analizar a lo largo de este trabajo todas las circunstancias que hicieron posible la sanción de la Constitución de 1895 como ley fundamental del Estado coreano de finales de siglo XIX, vemos que esta receptó varias ideas del constitucionalismo occidental y, fundamentalmente, rigió para toda la península. Mantuvo ciertos elementos confucianos, pero su mayor crítica es el poder que le otorgó a

Japón. Las consecuencias de este ordenamiento no fueron previstas por el Consejo de Reformas, cuya primera intención había sido organizar y receptar en distintas leyes los cambios que la sociedad coreana ya había manifestado. Tras la culminación del imperialismo japonés, en 1948, en la península se sanciona en la República de Corea la primera constitución que pone fin al sistema confuciano y se adoptan lineamientos del constitucionalismo liberal. Casi al mismo tiempo se sanciona la Constitución de la República Popular Democrática de Corea, dando nacimiento a un nuevo Estado y oficializando la división de la península, que ya no es ocupada por las fuerzas de Japón pero que sí queda bajo la influencia de las nuevas potencias mundiales, Estados Unidos y la Unión Soviética: "No hay justificación histórica para la división de Corea [...] no hay pretexto interno alguno tampoco [...] Las divisiones políticas e ideológicas asociadas a la Guerra Fría fueron las razones para la división de Corea..." (Cumings, 2004: 206).

A principios del siglo XXI, en la República de Corea, menos del 2% de la población cree en el confucianismo como religión.[5] El sistema jurídico está basado en una Constitución con principios democráticos y liberales. La sociedad ha protagonizado distintos procesos a lo largo de más de un siglo para dejar de ser el Reino Ermitaño, una sociedad que –de acuerdo al preámbulo– está orgullosa de "la historia y tradiciones resplandecientes que datan de tiempos inmemoriales".

---

[5] República de Corea, Korea.net, "Culto y religión", disponible en: https://goo.gl/sJuRzk

Bibliografía

Chai-sik, Chung (1997). "Korean Confucian response to
    the West: a semiotic aspect of culture conflict". *Journal
    of Chinese Philosophy*, 24, 361-399, Honolulu, Hawaii:
    Dialogue Publishing Company.
Cumings, B. (2004). *El lugar de Corea en el sol: una historia
    moderna.* Córdoba: Comunicarte.
Duncan J. y Jung-Kim, J. (2009). *Historia viva de Corea,
    1894: las reformas Kabo.* Manual del estudiante,
    UCLA.
Hsü, Immanuel Chung-yueh (2000). *The Rise of Modern
    China.* New York: Oxford University Press.
Kyung Moon Hwang (2010). *A History of Korea.* Basingsto-
    ke: Palgrave MacMillan.
León Manríquez, J. L. (coordinador) (2009). *Historia míni-
    ma de Corea.* México: El Colegio de México, Centro de
    Estudios de Asia y África.
Yoon, Dae-Kyu (2010). *Law and Democracy in South Korea.*
    South Korea: Institute for Far Eastern Studies, Kyun-
    gnam University Seoul.

Páginas Web consultadas

República de Corea, Asamblea Nacional, documentos
    varios. Disponible en: https://goo.gl/XJBTti
República de Corea, Constitución Nacional. Disponible en:
    https://goo.gl/4kTWfg
República de Corea, Korea.net, "Culto y religión". Disponi-
    ble en: https://goo.gl/sJuRzk

3

Avatares en el proceso de apertura económica de Corea del Norte

El caso del Complejo Industrial de Kaesong

MATÍAS BENÍTEZ

Introducción

El 17 de diciembre de 2014 se anunció el restablecimiento de las relaciones diplomáticas entre Estados Unidos y Cuba, cristalizándose así de manera oficial un cambio de orientación de ambos países respecto de las políticas del uno hacia el otro. Por parte de Estados Unidos, era el reconocimiento del fracaso de su política de más de 50 años de hostigamiento y bloqueo y, en cuanto a Cuba, este afloje y principio de reconciliación con el gobierno norteamericano le permitiría una profundización de las reformas económicas en la isla en continuación de la senda marcada por las resoluciones del VI Congreso del Partido Comunista de Cuba, celebrado en 2011. En el mismo se aprobaron lineamientos tendientes a la actualización del modelo socialista con medidas más amigables para potenciar la llegada de capitales privados y con el fin, además, de propiciar el aumento de la productividad y la eficiencia de los trabajadores cubanos. La distensión de las relaciones entre ambos países llevó a que el 20 de julio de 2015 abrieran sus respectivas embajadas.

Así como en el caso de Cuba las políticas de apertura económica ayudaron, en parte, a lograr una incipiente reconciliación entre el régimen de los Castro y Washington,[1] estas medidas también se pueden pensar como puntal para bregar por la pacificación de la península coreana. En este sentido, nos interesa abocarnos al caso del Complejo Industrial Kaesong (CIK) inaugurado en 2004. Consideramos al proyecto de esta Zona Económica Especial (ZEE) como un punto nodal para dar cuenta del lento y sinuoso proceso de reformas económicas en la República Popular Democrática de Corea, apuntando además a la cooperación intercoreana con la perspectiva de un desarrollo común y sostenido. Para ello vamos a establecer una periodización de la economía norcoreana partiendo desde el fin de la Guerra de Corea en 1953 hasta la apertura del Complejo Industrial Kaesong. A partir de ahí abordaremos en profundidad el caso del CIK desde su puesta en operaciones hasta su cierre en 2016, basándonos en el análisis de los datos presentes en trabajos académicos y en informes gubernamentales surcoreanos. Debemos aclarar que ante el hermetismo del régimen norcoreano para proporcionar datos económicos (y estadísticas oficiales de cualquier tipo), tenemos que asumir que muchos de los datos con los que contamos son estimaciones. En este caso, teniendo en cuenta lo planteado más arriba, optamos por trabajar con los datos provistos en los informes publicados por el Ministerio de Unificación de la República de Corea (MoU) y con las elaboraciones hechas en textos académicos que cruzan esta fuente con otras.

---

[1] Incipiente reconciliación que quedó trunca por la orientación de la administración Trump, que endureció las sanciones contra Cuba.

Finalmente, concluiremos presentando cuáles fueron, según nuestro criterio, las limitaciones y potencialidades que tuvo el proyecto del Complejo Industrial Kaesong, y destacaremos, en vista de lo expuesto, las perspectivas que se avizoran a futuro en la reestructuración capitalista que atraviesa Corea del Norte.

Estadios de la economía norcoreana

Más allá del aspecto aparentemente "monolítico" con el que medios de comunicación y gobiernos opositores caracterizan al régimen norcoreano, podemos hacer referencia a periodos diferenciados en su historia económica. En ellos vamos a ver cómo, al contrario del relato que muestra a una Corea del Norte que permanece "sin cambios", han acontecido varias transformaciones en su modelo económico en las últimas décadas. Si bien este trabajo se centra especialmente en la última década y media, consideramos pertinente tener en cuenta algunos elementos del desarrollo histórico de la economía norcoreana que, con fines esquemáticos, dividiremos en 3 estadios. Desde la Guerra de Corea hasta la crisis del petróleo (1953-1973), desde 1974 a 1990 (del auge al estancamiento y la crisis) y finalmente desde 1991 hasta 2003 que englobaría todo el periodo de crisis estructural pos disolución de la Unión Soviética, junto con los primeros intentos consolidados de reformas económicas y políticas para paliar sus repercusiones.

Reconstrucción, industrialización y modelo económico centralizado (1953-1973)

Luego de la guerra fratricida que se libró entre 1950 y 1953, en ambos lados del paralelo 38º se atravesaba una situación económica aparentemente similar, al menos en cuanto a producción de riqueza se refiere. Lo que se evidencia al dar cuenta de que la evolución del PBI per cápita siguió una trayectoria similar en ambas Coreas hasta mediados de los setenta. Desde entonces, el PBI per cápita surcoreano crecerá aceleradamente (casi duplicándose entre 1973 y 1983) y el de Corea del Norte se estancará (Noland, 2000: 60). Aunque debemos tener en consideración además el grado de igualdad que había en esa distribución. En el norte de Corea se realizó antes del estallido de la guerra, en 1946, una reforma agraria radical, que eliminó los resabios del antiguo régimen colonial expresados en los colaboracionistas japoneses y en la clase terrateniente (Cumings, 2004: 249).

Asimismo, durante la reconstrucción de posguerra si bien casi toda la infraestructura fabril norcoreana (heredada de la ocupación japonesa) quedó destruida, Pyongyang recibió una importante ayuda de distintos países del bloque socialista (Armstrong, 2005). Esto, sumado al conocimiento técnico que ya poseían los norcoreanos, permitió una industrialización acelerada orientada a la rama pesada y armamentística (Cumings, 2004). Al mismo tiempo, Corea del Sur estaba en plena transformación de una estructura económica agraria de baja productividad y calidad técnica a una incipiente industrialización de productos medios (Manríquez y López Aymes, 2009: 156). Esta progresión del Sur se verá a través del despliegue de los distintos planes quinquenales que redundarán en un impresionante despegue económico a partir de mediados los setenta. Hasta entonces, las condiciones de vida de la mayoría de la población y el modelo productivo estaban más desarrollados en Corea del Norte que en Corea del Sur (Park, 2003: 3).

Durante este periodo es que Corea del Norte obtenía casi todos sus recursos a través del comercio o de la concesión de distintas prestaciones de la Unión Soviética (Anderson, 2007) y, en algunos momentos, de China (como cuando se produjo el cisma sino soviético, donde Corea del Norte nunca terminó de alinearse ni con Moscú ni con Beijing). En tanto que Corea del Sur obtenía gran parte de los capitales para el financiamiento de los planes quinquenales principalmente de su alianza con Estados Unidos y Europa occidental (Couret, 2015: 17).

Del auge al estancamiento (1974-1990): primeros síntomas de crisis

En este periodo, Corea del Norte entra en un estancamiento debido al agotamiento de su modelo económico. El constante desvío de recursos hacia el sector militar y la industria armamentística (recursos naturalmente improductivos, dada la falta de desarrollo de todos los demás sectores) derivó en una escasez crónica y persistente en la distribución de alimentos para la mayoría de la población (Escalona, 2009: 205).

Por su parte, Corea del Sur tuvo un despegue vertiginoso de su economía pasando de una industria liviana hacia una pesada y de complejidad, a lo que se le sumó la profesionalización de su mano de obra y de los cuadros técnicos. En este contexto, la particular situación territorial (en cuanto a la escasez de tierra y recursos naturales) llevó a la economía surcoreana a ser dependiente de sus exportaciones y del comercio exterior, caracterizándose este por

la importación de bienes primarios o recursos naturales
(alimentos, minerales e hidrocarburos en bruto) y la transformación de estos en productos de alto valor agregado,
exportados a todo el mundo y destacándose por su calidad. Esta situación fue generando una mayor autonomía
de Seúl al no necesitar de la ayuda estadounidense como
en los primeros tiempos de posguerra (Manríquez y López
Aymes, 2009: 158). Justamente, Corea del Norte pasó a
depender cada vez más del soporte económico de Moscú
para paliar los efectos de los traspiés que tuvo su economía a partir de mediados de esa década (León, 2004: 401).
Tengamos en cuenta que a mediados de los setenta Corea
del Norte hizo una compra masiva de bienes de capital
a Occidente para actualizar su tecnología (Park, 2003: 3).
El *shock* en los precios del petróleo y el desplome de los
precios de exportación de los minerales (principal fuente
de divisas para Corea del Norte) ocasionó que el país no
pudiera afrontar los empréstitos contraídos para hacer esas
compras. Corea del Norte quedó virtualmente sin acceso a
tecnología de punta y fuentes de financiamiento internacional desde entonces. A partir de ahí, su modelo económico empezaría a declinar irremediablemente.

Como cuestión muy relevante que enmarca todo el
periodo, debemos dar cuenta del inicio de las reformas
económicas en China de la mano de Deng en 1978. Con el
fin del periodo maoísta, donde el modelo económico era
de planificación centralizada, se pasa progresivamente a
uno de "socialismo de mercado" (León, 2004: 411) donde,
si bien el control de los medios de producción y de la banca
seguían en manos del Estado, también se incentivaba la
participación del capital privado y la inversión extranjera
(cuestión que no se daba desde la era del Kuomintang).
Esto se verá con la creación de las Zonas Económicas Especiales y el surgimiento de una nueva burguesía funcional

a los intereses del Estado (Meisner, 2013), parcialmente
reconvertido a un capitalismo con características aún dua-
les (entre la planificación centralizada y el modelo de mercado). La dirigencia norcoreana se inspirará en este modelo, en una escala más pequeña y de una forma más errática,
para llevar adelante su propio proceso de reformas. Desde
ya que esto no era solo por la apertura de China, sino también por la misma crisis que atravesaba el bloque socialista
a fines de los ochenta y que se cristalizaría con la caída
del Muro de Berlín en 1989. Ante una inminente caída de
los regímenes burocráticos colectivistas del Este europeo,
el gobierno de Corea del Sur jugó sus cartas para poder
capitalizar los espacios vacantes que dejaba la economía
norcoreana al perder esos mercados, por un lado y, por
el otro, ante el riesgo cada vez mayor de que se produzca
una anexión económica por parte de China. En este sentido, cabe destacar que el 7 de julio de 1988 se firma una
declaración entre ambas Coreas con el fin de promover el
intercambio comercial.

Crisis estructural, catástrofe humanitaria y liberalización económica (1991-2003)

Este periodo es fundamental en ambos países, ya que se
ven atravesados por un profundo cambio tanto económico
como social y de su rol o papel en la geopolítica global.
Como primer punto, destacamos la caída y desaparición
de la Unión Soviética porque cae el principal sostén económico y financiero de Corea del Norte. Así, esa dependencia se fue trasladando gradualmente hacia China y su
creciente rol en la economía global. Este hecho, además
de aislar políticamente aún más al régimen norcoreano,
significó el completo estancamiento de su economía y el

padecimiento de su peor crisis humanitaria hasta la fecha (Escalona, 2009: 206). A la desaparición del bloque socialista habrá que sumarle las inundaciones de 1995 y 1996, y las sequías de 1997 y 2001 que, junto a las políticas de bloqueo externo (fomentadas por el programa nuclear norcoreano congelado en 1994 y restablecido en 2002), desencadenaron hambrunas que mataron a más de un millón de personas. Todo esto en el contexto de la muerte de Kim Il-Sung en 1994, cuya sucesión por parte de su hijo Kim Jong Il trajo aparejada la expectativa de una serie de reformas aparentemente pro occidentales (cosa que, como daremos cuenta, no sucedió) a la par de otorgarle una mayor preponderancia a los sectores militares. Esto se verá en la conformación de la doctrina *Songun* (también conocida como "el ejército primero") en tanto actualización y superación de la doctrina *Juche*. El cambio principal que introduce es la preponderancia de las fuerzas armadas. Kim Jong Il lo expresa de la siguiente manera: "El partido es el mismísimo ejército y el ejército es el mismísimo partido" y "El ejército es el pueblo, el Estado y el partido" (Larre, 2015: 44).

Por otra parte, Corea del Sur atraviesa su primer periodo de democracia representativa plena, con traspasos del poder en forma pacífica y entre partidos opositores. En este marco se destaca la presidencia de Kim Dae-jung, quien sería uno de los que más abogaría por la paz y la reconciliación con Corea del Norte. En cuanto a la política económica, se "libera" el sector bancario, la regulación estatal de la actividad privada se recorta marcadamente, los sectores productivos se modernizan y cobran relevancia las nuevas tecnologías como la electrónica, informática, química, biotecnología y demás (Manríquez y López Aymes, 2009: 174). En 1997, este modelo sufre su primera gran crisis y el gobierno debe acudir al financiamiento externo. La misma sería rápidamente superada como puede evidenciarse con las tasas de crecimiento de su PBI, que muestra que para 1999 ya se había recuperado la senda del crecimiento.[2] En cuanto a su contraparte del norte, en el año 1998 se hace una serie de reformas a la Constitución incorporándose la posibilidad de que exista la propiedad privada (artículo 24), sumada a una referencia a la inclusión de incentivos materiales a la producción (artículo 32) y un apartado que alude a "costos, precios y ganancias" (artículo 34). Estos artículos fueron incluidos con el fin de facilitar la inversión extranjera directa, de la que destaca el proyecto turístico Kumgang iniciado en 1998 por la empresa surcoreana Hyundai, entre otros emprendimientos que corrieron con menor suerte debido a las limitaciones y problemas cotidianos que debían enfrentar lidiando con los repentinos cambios en las reglas del juego por parte del régimen de Kim Jong Il (León, 2004: 406).

En cuanto al intercambio entre las dos Coreas durante este periodo, destacamos la firma del Acuerdo Básico Intercoreano en 1991, el cual representaría un importante marco institucional por medio del cual ambas Coreas fortalecerían el intercambio económico. A partir de este y otros acuerdos, el comercio intercoreano se vería favorecido alcanzándose un volumen de 106 millones de dólares en 1991 y 163 millones en 1992 (MoU, 2016: 76). Este volumen iría amesetándose, para luego caer en 1994 debido a la crisis humanitaria en Corea del Norte y posteriormente a la crisis en Corea del Sur. Cabe destacar que la crisis al norte del paralelo 38° sería muchísimo más pronunciada que en el Sur. Comparando ambas tasas de crecimiento de sus PBI, tenemos que la variación acumulada para el periodo 1990-2002 sería un crecimiento del 80,7% para Corea del Sur y una caída del 22,2% para Corea del Norte (León, 2004:

---

2 En ese año el crecimiento sería de un 10,9% dejando atrás la caída de un 6,7 % de 1998 (León, 2004).

402). Recién a partir de la adopción de la *Sunshine Policy* en el gobierno de Kim Dae-jung volverá a crecer el comercio intercoreano, lo que también ayudará a la recuperación de la vapuleada economía norcoreana.

La *Sunshine Policy* (1998-2007) consistió en una serie de medidas tendientes al acercamiento con el gobierno norcoreano: la creación del Ministerio de la Unificación (que tiene el fin último de lograr la reunificación de la península coreana), la puesta en marcha del proyecto del área industrial de Kaesong y el estrechamiento de las relaciones con el gobierno de Kim Jong Il. Este enfoque novedoso en las relaciones intercoreanas se basó en 4 principios: "no agresión militar entre las dos Coreas, la no intervención de países extranjeros en el proceso de reunificación, la cooperación mutua y, muy especialmente, el reconocimiento mutuo de la soberanía norcoreana y surcoreana" (Boltaina, 2016: 57). Esta nueva orientación rompe casi medio siglo de tensiones constantes entre las dos Coreas y prometía ser el principio del fin del conflicto imperante. En junio de 2003, en el pico de este clima de reconciliación, se llevó a cabo una ceremonia innovadora cerca de la ciudad norcoreana de Kaesong. En la misma se lanzó la construcción de un proyecto que en su debido tiempo se volvería el Complejo Industrial de Kaesong, el proyecto conjunto Norte-Sur más grande realizado hasta el momento.

Avances y retrocesos en la apertura: el caso del Complejo Kaesong (2004-...)

El sucesor de Kim Dae-jung, del mismo signo político progresista, Roh Moo-hyun continuó la senda orientada a la confluencia y la cooperación intercoreana. En este sentido, se inscribe el inicio de las operaciones en diciembre de 2004 del Complejo Industrial Kaesong. El mismo consistió en una iniciativa intercoreana, por medio de la cual empresas surcoreanas se establecen en este complejo industrial (que se encuentra situado en territorio norcoreano, a 16 km de la frontera con Corea del Sur, a 160 km de Pyongyang y 70 de Seúl) aprovechando la mano de obra barata (por lo tanto obteniendo beneficios de la operación en dicho país) y, a su vez, ayudando al gobierno norcoreano por la transferencia de divisas para el pago de salarios. Además, se les brinda a los trabajadores norcoreanos (seleccionados por el Estado) la posibilidad de un puesto y condiciones laborales que difícilmente encuentren en su propio territorio (Chang, 2016).

Este proyecto no solo implica una atractiva fuente de ganancias para las empresas instaladas, sino que además tiene un peso político y simbólico muy profundo. Esto es así porque obliga a los gobiernos de ambos países a mantener un mínimo de condiciones para las relaciones bilaterales que permitan balancear los intereses que tienen en juego en la región. A su vez, los vaivenes del proyecto son un termómetro de la coyuntura en la península, en cuanto a tensiones militares y políticas. El proyecto fue concebido en el año 2002, y en año 2004 se instalaron las primeras empresas surcoreanas, que hasta el momento de su cierre llegaron a ser más de 100 empleando a casi 55 mil norcoreanos (en su gran mayoría mujeres) (MoU, 2016: 89).

En un inicio se contemplaban metas ambiciosas: la participación de al menos 250 empresas y el empleo 100.000 norcoreanos para el año 2007 y de 700 mil para el año 2012, cubriendo una superficie de 65 km2 (Lankov, 2015). Claramente, si se compara con las metas iniciales, parecería que el proyecto tuvo resultados más bien modestos. Aunque tal vez los objetivos eran demasiado ambiciosos tratándose del primer emprendimiento de este tipo entre ambos gobiernos. Sin embargo, esto no debe hacernos sacar la conclusión apresurada de que fue un fracaso. Pues al contrario, acrecentó los canales de cooperación comercial intercoreana a la vez que propició el desarrollo por parte del Pyongyang de nuevas zonas económicas especiales y de reformas de flexibilización económica.

Si acudimos a los datos proporcionados por los informes del Ministerio de Unificación, podemos ver de manera más contundente estos impactos en el desarrollo económico bilateral.

Según el *White Paper On Korean Unification* publicado en 2016 por el Ministerio de Unificación de la República de Corea, se registra una tendencia al alza del volumen comercial (importaciones más exportaciones) entre ambas Coreas a partir de la implementación de la *Sunshine Policy*. Este crecimiento sustancial está cimentado en casi su totalidad en las actividades del Complejo Kaesong. Por otro lado, las caídas registradas en los años 2009, 2011 y 2013 son explicables por rispideces surgidas en torno al programa nuclear y misilístico.

Respecto a esto último no debemos dejar de aludir a esta problemática como uno de los condicionamientos principales en los que se enmarca el despliegue del CIK. Luego de las tensiones generadas en torno a este programa durante los noventa, parecía que al comprometerse la puesta en marcha del CIK, el régimen de los Kim dejaba atrás (o al menos ponía en suspenso) su ambición nuclear y la consecuente conflictividad en la región. Lamentablemente no fue así, ya que en 2002 retomó el programa de armamento nuclear a causa (en parte) del incumplimiento por parte de Estados Unidos del acuerdo de 1994 en el cual se comprometía a levantar las sanciones económicas a Pyongyang, entregar 500 mil toneladas anuales de

petróleo y proveer dos reactores nucleares de agua liviana.
Esto sumado a la inclusión en el "Eje de Mal" por parte de
George Bush en 2002, que implicó el retiro de Corea del
Norte del Tratado de No Proliferación Nuclear (TNP) en
2003 (Rubio, 2012: 336). En aquel contexto, para darle solución a esta problemática, se iniciaron las "conversaciones
a seis bandas" (Estados Unidos, Rusia, China, Corea del
Norte, Corea del Sur y Japón) las cuales –más allá de algunos compromisos iniciales que avanzaron muy lentamente– se encuentran actualmente congeladas. En este sentido, a todo estancamiento o retroceso en el desarrollo de
la cooperación económica intercoreana se le suele atribuir
como principal responsable el ambiguo e impredecible
comportamiento de Kim Jong-un (sucesor como líder de
Corea del Norte de su padre Kim Jong Il fallecido en 2011).
Bajo esta caracterización unilateral, desde la asunción de
Lee Myung-bak en 2008 se acentuó la situación regional
con episodios de tensión crecientes (algunos originados
por acciones de Pyongyang). El primero de ellos fue ese
mismo año cuando varias ONG surcoreanas lanzaron glo-
bos hacia Corea del Norte con mensajes antigubernamentales. Ante la pasividad cómplice de la administración Lee,
Pyongyang resolvió restringir el número de gerentes que
podían estar presentes en el CIK a 800 (Lankov, 2015). Por
otro lado, ese mismo año también se produjo la clausura del proyecto turístico conjunto del Monte Kumgang a
causa de la muerte de una mujer surcoreana a manos de
un soldado norcoreano que le disparó por haberse salido
de un sendero preestablecido. Luego de eso, Pyongyang
decidió congelar los bienes de Hyundai, y expulsó a su
personal del sitio. Más allá de la insistencia por parte de
Corea del Norte para reabrir el complejo, el mismo no ha
sido reabierto aún, estándose por cumplir 9 años de su
clausura. A esta postura oficial de endurecimiento (o de

condicionada reciprocidad) por parte de Seúl, Corea del Norte respondió con la misma moneda. El 25 de mayo de 2009, el régimen realizaría su segunda prueba nuclear, a lo que correspondieron una serie de sanciones según lo estipulado por la Resolución 1874 del Consejo de Seguridad de Naciones Unidas del 12 de junio de ese mismo año. En la misma se profundizaba lo sancionado por la Resolución 1718 de junio de 2006, como respuesta ante la primera prueba nuclear de Pyongyang (en octubre de 2006), respecto a los embargos de armas, congelamiento de cuentas bancarias y otras trabas para la obtención de financiamiento. Como era de esperarse esto generó un descenso en el comercio intercoreano de ese año que tuvo una caída del 8% respecto del año anterior, pasando de tener un volumen comercial de 1.820 millones de dólares en 2008 a 1.679 millones en 2009 (MoU,2016: 76). Si bien hay una recuperación en 2010, las relaciones intercoreanas volverían a empeorar a causa de dos episodios: el hundimiento de la corbeta Cheonan el 26 de marzo y el incidente de la isla Yeongpyeong el 23 de noviembre de ese mismo año (Park, 2015: 197). En el incidente de la isla Yeongpyeong las fuerzas armadas norcoreanas dispararon 170 rondas de artillería contra la isla de ese nombre, situada en el mar Amarillo, muy cerca de la costa de Corea del Sur. En el ataque murieron cuatro surcoreanos y se tuvo que evacuar a los 1.400 habitantes de la isla. En cuanto al primero (Cheonan), consistió en el hundimiento de una corbeta que navegaba cerca de la frontera con Corea del Norte, a la que Corea del Sur responsabilizó, tratándose de un incidente que acabó con la vida de 46 personas. Ante esta situación, Seúl decretó un paquete de sanciones económicas y marítimas contra Pyongyang, que son conocidas como "sanciones del 24 de mayo de 2010". En las mismas se establece la prohibición de todos los intercambios económicos y de personal intercoreanos, con la excepción del parque industrial conjunto en el poblado fronterizo de Kaesong, en la RPDC. Esto ocasionó que el comercio inter-coreano se reduzca en un 11,4% entre 2010 y 2011, pasando de 1.912 a 1.714 mil millones de dólares respectivamente. A pesar de ese descenso, la producción en Kaesong no se redujo sino que aumentó un 20% pasando de 322 millones de dólares a 401 millones (MoU, 2016: 90). La cantidad de obreros también creció pasando de 46 mil a casi 50 mil (MoU, 2016: 89). Como se puede apreciar, si bien las rela-ciones entre ambas Coreas empeoraron a causa de la línea dura de la administración Lee y las respuestas de Corea del Norte que refuerzan el endurecimiento de la orien-tación de su contraparte, el complejo Kaesong mantuvo su crecimiento sin ser considerablemente afectado por la coyuntura. Las caídas registradas en el volumen comercial en 2009 y 2011 fueron recuperados por los crecimientos de 2010 y 2012.

En el caso de la caída de 2009, que se enmarca en la segunda prueba nuclear de Corea del Norte, debemos entender la recurrente insistencia del régimen en desarro-llar armas nucleares como un instrumento de disuasión para cualquier intento de intervención extranjera en su territorio y, además, como una carta para ser un jugador de peso en la región. Lo cual trae aparejado una concate-nación de reacciones por parte de Estados Unidos, Corea del Sur, Japón, China y demás países; quienes en distin-to grado –con intereses que en algunos casos coinciden y en otros son divergentes– suelen reaccionar con conde-nas diplomáticas y aplicando sanciones económicas, que en muchos casos repercuten negativamente para generar un clima de flexibilización económica. Ante esto Corea del

Norte responde con amenazas y con la clausura o limita-
ción de la actividad de las empresas surcoreanas en Kaesong.

Estas llamadas "provocaciones" por parte de los surcoreanos y los estadounidenses se inscriben en la estrategia del "juego a la crisis" propuesta por Pyongyang, la cual
consiste en una formulación referida a crear condiciones
para presionar al adversario, calculando los riesgos y posibles consecuencias de las maniobras, amenazas o tácticas
utilizadas. En particular, el juego consiste en la magnifica-
ción de circunstancias que derivan en provocaciones (ficticias o reales), fanfarroneo y mostrarse como víctima de
amenazas (ficticias o reales). En el juego, la información (o
la falta de) es un factor clave (Agüero, 2009: 202). Este "juego a la crisis" con sus respectivas cadenas de reacciones se
repiten en forma recurrente y las reacciones en un lado y el
otro suelen ser las mismas.

Durante la presidencia de Park Geun-hye (2013-2017),
esta lógica de endurecimiento de las reacciones recíprocas
entró en una dinámica de espiralización acelerada llegando al punto de generarse situaciones de muy alta tensión
como las de la crisis de marzo/abril de 2013. En la misma, ocasionada por la tercera prueba nuclear de Corea
del Norte, se generó una escalada en las hostilidades que
llevó a que Pyongyang declarara "nulo" el armisticio de
1953 y que, ante los ejercicios militares conjuntos que iba
a realizar Seúl con Estados Unidos, resolviera unilateral-
mente cerrar el CIK y reubicar a los trabajadores en otras
actividades. Luego de casi 5 meses de negociaciones que
mantuvieron el complejo cerrado por 134 días generando
pérdidas calculadas en aproximadamente 830 millones de
dólares, el CIK volvió paulatinamente a estar operativo.

Esto ocasionó un abrupto descenso en el volumen del comercio intercoreano entre 2012 y 2013, pasando de 1.971 millones de dólares a 1.136 (aproximadamente una caída del 42%). También se redujo la producción en el CIK pasando de 469 millones de dólares a 223 millones (un descenso del 52,5%) y la cantidad de empleados en el complejo que pasaron de 53.400 en 2012 a 52.300 en 2013 (un declive del 3%). Ya entre 2014 y 2015 el comercio intercoreano, la producción de Kaesong y su número de trabajadores volverían a aumentar (MoU, 2016).

Además de la producción, también se observa un crecimiento sostenido de los trabajadores norcoreanos contratados. De los 6 mil trabajadores que producirían casi 15 millones de dólares en 2005 se pasaría a casi 55 mil trabajadores y más 560 millones de dólares de producción en 2015. Esto implica un aumento del 900% en cantidad de mano de obra y otra suba del 3.700% en cuanto al valor de la masa total de bienes producidos. Otra cuestión que se desprende de los datos del informe es que no solo subió el número de obreros sino que además se elevó la productividad (MoU, 2016). Esto se debe al despliegue de las inversiones realizadas por empresas surcoreanas alentadas por la alta rentabilidad garantizada por los bajos salarios y la calificación de la mano de obra a la par de su escasa o nula conflictividad.

Como aspecto destacable de este crecimiento, entre 2014 y 2015 se registra un despegue en la producción de bienes eléctricos y electrónicos. En esta rama se pasó de producir 67 millones de dólares a producir 124 millones (un aumento de aproximadamente un 54%). Si bien se parte del piso al que se llegó durante el cierre de 2013 (y aun teniendo en cuenta los niveles de 2011), el registro no deja de ser promisorio. Para el año 2015, la rama con mayor volumen de producción es la textil con 301 millones de

dólares (el 55% del total de ese año). Le siguen muy atrás
la rama de electricidad y electrónica (22%), y maquinaría y
metales (17%). Esta distribución a su vez nos da la pauta de
la composición de las empresas instaladas en el Complejo
(MoU, 2016: 90). Si bien del total de empresas instaladas
(125 para el año 2015) la mayoría son textiles (un 58%), las
empresas de la rama de electricidad y electrónica tienen
una productividad muchísimo mayor. Si consideramos el
valor que tiene en promedio la producción de cada empresa, en las textiles (73 en total para el año 2015) es de 4
millones 100 mil por cada una, y en el caso de la rama
tecnológica (13 en total para el año 2015) es de 9 millones 500 mil por unidad. Este aumento que se había dado
se puede entender en el marco de una mayor inversión
en otras industrias, aparte de la textil, por parte del capital surcoreano. Y a su vez, algo de protagonismo puede
tener la orientación del gobierno norcoreano de afianzar
los instrumentos para desarrollar la capacidad técnica de
su industria en el marco de la nueva doctrina de desarrollo
paralelo (*Byungjin*), planteada por Kim Jong-un en 2013 y
reafirmada en las resoluciones del VII Congreso del Partido de los Trabajadores de Corea celebrado en mayo de
2016. A diferencia de la doctrina *Songun*, que daba prima-
cía a lo militar, el desarrollo paralelo plantea a una com-
binación entre desarrollo armamentístico y económico (es
decir, la construcción económica y seguridad nacional).
En esa línea, la doctrina *Byungjin* "no es una contrame-
dida temporal para hacer frente a la situación en brusco
cambio, sino la línea estratégica a tomarse invariablemente
mientras existan la amenaza nuclear y las arbitrariedades
del imperialismo".[3]

---

[3] "Kim Jong Un dirige la rama de investigación de armas nucleares", *KFA Euskal
    Herria*. Disponible en: https://goo.gl/yaSWZ8

Entre las "arbitrariedades" que se denuncia se encuentra el cierre del CIK de manera unilateral por parte de Seúl en febrero de 2016 luego de que Pyongyang efectuara su cuarta prueba nuclear. Otro de los motivos por los que se justificó el cierre es porque se acusó a Corea del Norte de utilizar los fondos que percibía por medio del Complejo para financiar su programa nuclear[4]. Esta clausura tiene como marco el agravamiento de las relaciones intercoreanas ocasionada por la profundización de la línea de confrontación por parte de Seúl. Esta postura mantuvo el plano retórico de la cooperación intercoreana por medio la formulación de una "política de confianza" o *Trustpolitik* (Park, 2011), pero en los hechos terminó fracasando en disuadir a Pyongyang de que desista de su programa misilístico y nuclear. Más bien al contrario, lo reforzó, ya que durante 2016 se realizaron 2 pruebas nucleares, más varias otras de tipo misilístico.

Balances y perspectivas

Lo primero que podemos argüir es que la serie de episodios ocurridos en torno al CIK en los últimos años llevan a la desconfianza general y desincentiva a otras empresas a invertir en Kaesong y en otros proyectos de zonas económicas especiales. Esto se ve claramente en que entre 2010 y 2015 tan solo 4 empresas iniciaron operaciones en el CIK (pasando de 121 a 125 en total) mientras que en los primeros años hay un crecimiento mucho mayor (de 18 a 121 entre 2005 y 2010). Y por otro lado, traban las posibilidades de un desarrollo menos accidentado para la

---

[4]   "Seúl acusó a Pyongyang de quedarse con el 70% del salario de los obreros de un complejo industrial intercoreano", *Infobae*, publicado el 13/02/2016. Disponible en: https://goo.gl/77YQkh

economía norcoreana, a la par que aumenta su dependencia de China (país que absorbe un 90% del total de su volumen comercial), al encontrarse mayores restricciones para comerciar con Corea del Sur (aunque actualmente esa restricción significa virtual imposibilidad).

Otra cuestión para mencionar son los ambiguos mensajes que pretende dar Estados Unidos, participante primordial en los conflictos de la región: por un lado, pretende la apertura y libertad hacia el sector privado en Corea del Norte (tal vez como medio para lograr una mayor apertura política en el país), y por otro, traba el comercio de todo bien proveniente de la región industrial de Kaesong, siendo esta la primera actividad capitalista privada en gran escala en el país (si bien ya hay otras zonas económicas especiales, la de Kaesong ha sido por lejos la más exitosa). Todo esto considerando su estrategia más global de hacer colapsar al régimen de Corea del Norte junto con su programa nuclear recurriendo al ahogo económico y el aislamiento internacional por medio de sanciones.

Aun así, a pesar de este clima hostil, vemos que el comercio intercoreano más que se duplicó a 11 años de inaugurado el Complejo: se pasó de 1.056 millones en 2005 a 2.714 millones de dólares en 2015. El valor total de los bienes producidos en el CIK alcanzó los 3,23 mil millones de dólares en sus 11 años de operaciones antes de su cierre en 2016.

Lo que se rompió con la clausura del CIK fue la válvula de seguridad que permitía un intercambio relativamente fluido entre las dos Coreas impidiendo así una ruptura sin retorno. Dada esta situación que cercenó el principal canal de cooperación, una disminución de las tensiones en la península no va a ser plausible mientras la clausura persista. Estas, entre otras cuestiones, son las que dificultan el proceso de apertura que de todas maneras ya se está dando y que, con sus idas y venidas, más pronto que tarde también hará que en el Reino Ermitaño se generen paulatinamente relaciones preponderantemente capitalistas. Y ante esos nuevos desarrollos se le planteará a la dirigencia norcoreana el desafío de llevar adelante el proceso de transición sin cambios sustanciales en el régimen político. Es decir, una *Perestroika* sin *Glasnot*.

Bibliografía

Anderson, D. (2007). "Una aproximación a la historia económica de Corea del Norte". III Congreso Argentino de Estudios Coreanos, Universidad Nacional de Tucumán.

Anderson, D. (2012). "Corea del Norte y sus relaciones con América Latina durante el conflicto sino-soviético". VII Congreso Argentino de Estudios Coreanos, Universidad de Buenos Aires.

Chang, B. (2016). "The Real Economics of Kaesong". *38 North*. Disponible en: https://goo.gl/E6QySq

Couret, B. (2015). "La reconstrucción de las tierras del Sur", en Muñoz, C. (coord.), *Explorador: Corea del Sur* (pp. 15-19). Buenos Aires: Capital Intelectual.

Larre, L. (2015). "Del Juche al Songun: cambios en la política de Corea del Norte (1994-1998)", en Iadevito, P. y Lanare, L. (comps.), *Estudios coreanos en el escenario Sur-Sur* (pp. 43-59). Buenos Aires: Imago Mundi.

León, J. (2004). "¿Autosuficiencia, socialismo de mercado o ayuda económica? Los dilemas actuales de la economía norcoreana", en Mera, C. (comp.), *Estudios coreanos en América Latina* (pp. 399-412). La Plata: Al Margen.

Manríquez, J. y López Aymes, F. (2009). "Corea del Sur",
en *Historia mínima de Corea*. México: El Colegio de
México, Centro de Estudios de Asia y África.

Republic of Korea, Ministry of Unification (2016).
White Paper on Korean Unification. Disponible en:
https://goo.gl/7LwGb4

Noland, M. (2000). *Avoiding the Apocalypse: The Future of
the Two Koreas*. Washington: Institute for International Economics.

Park, Chae-soon (2015) "Esfuerzos para la paz en la península coreana. El caso de las conversaciones a seis bandas", en Iadevito, P. y Lanare, L. (comps.), *Estudios
coreanos en el escenario Sur-Sur* (pp. 191-200). Buenos
Aires: Imago Mundi.

Park, Soo-Bin (2004). "The North Korean Economy:
Current Issues and Prospects", *Carleton Economic
Papers*, N° 45, 3/2004. Department of Economics, Car-
leton University.

Rubio, C. (2012). "Estados Unidos y la cuestión nuclear
norcoreana", en Mera, C. y Iadevito, P. (comps.), *Pre-
sencias culturales en el mundo global* (pp. 333-345).
Buenos Aires: Mnemosyne.

4

Ciclo virtuoso de la economía del este de Asia

Estudio de caso de las empresas japonesas en la República de Corea

MAXIMILIANO MAINARDI

Introducción

El desarrollo económico de la región del este de Asia luego de la Segunda Guerra Mundial sorprendió al mundo. Liderado por Japón, el proceso económico fue descrito acertadamente por Kaname Akamatsu con la teoría de los gansos voladores o *flying geese* (FG). Esta teoría explica cómo el liderazgo de Tokio en el proceso de industrialización y desarrollo económico se dio por la relación que estableció con sus pares en la región. Uno de los objetos centrales de esta vinculación fue la inversión extranjera directa (IED) y la internacionalización de las empresas.

El objetivo general de este estudio es explicar el éxito de la internacionalización de las multinacionales asiáticas en el desarrollo económico de la región, partiendo del caso de las empresas japonesas en el desarrollo de la industria electrónica en Corea. Y el punto de partida es el siguiente interrogante: ¿la teoría de la internacionalización de la producción es útil para comprender el caso de las empresas del este de Asia?

En este esquema general de FG, Corea del Sur como caso de estudio permite comprender cómo funcionó de manera global la teoría de Akamatsu. Además de las políticas estatales, las empresas tuvieron un papel primordial en la orientación de la IED. Con mayor precisión, el objeto de estudio queda circunscrito a las empresas japonesas del sector de electrónica asentadas en Corea del Sur y se delimita el estudio al periodo 1969-1980. Gran parte del éxito del esquema de los FG radica en el concepto de ciclo virtuoso, que considera que una economía exitosa con crecimiento principalmente basado en la exportación también verifica crecimiento por inversión (Shinohara,1982 y Castley, 1998).

La teoría de los gansos voladores y el contexto regional

Corea fue colonia de Japón desde 1911 hasta 1945 y desde la creación del Estado de Corea del Sur en 1948 hasta mediados de los años sesenta no hubo relaciones diplomáticas debido a los resentimientos de la época colonial. ¿Qué motivó el acercamiento entre Seúl y Tokio? Ciertamente, un universo de causas aflora rápidamente. En contexto de Guerra Fría emerge una triangulación entre Estados Unidos, Corea del Sur y Japón. La necesidad de contener al comunismo y la lógica de Guerra Fría, hizo que ambos países tuvieran un nexo: Washington. Pero, además, a medida que Japón volvía a industrializarse y se convertía en uno de los países que más invertía en el exterior, comenzaba a ser un socio importante para Seúl que no solo debía lidiar con la tensión geopolítica con su hermano del Norte sino también con el desafío de impulsar un modelo económico que fomentara el desarrollo de la nación. La presión norteamericana para que Seúl establezca relaciones con

Tokio finalmente tuvo efecto en 1965, momento en que se firmó el tratado de normalización de relaciones diplomáticas.[1]

La puja entre los Estados asiáticos por las inversiones extranjeras había llevado a que proliferen las Zonas de Libre Comercio (ZLC) en pos de promover esquemas de industrialización orientados al fomento de las exportaciones. Así, las ZLC se convirtieron en un importante atractivo para la inversión extranjera porque ofrecían un paquete de beneficios a las empresas que buscaban radicarse en ellas, tanto arancelarias como para la importación de materia prima, como así también flexibilidad en los contratos laborales y en impuestos inmobiliarios. Algunas de las ZLC más importantes, según Warr (1989), fueron:

1. Indonesia: The Jakarta Export Processing Zone.
2. Corea del Sur: The Masan Free Export Zone.
3. Malasia: The Penang Free Trade Zone.
4. Filipinas: The Bataan Export Processing Zone.

Warr sostiene que, entre 1970 y 1980, alrededor de 35 ZLC fueron conformadas y que representaron un empleo total de al menos 250.000 personas.

Como se explicó *ut supra*, uno de los motivos de la normalización de las relaciones entre Corea del Sur y Japón fue el interés del gobierno de Park en atraer inversiones. Entre los objetivos principales del gobierno surcoreano se encontraba la promoción de las exportaciones, la atracción de inversiones en industrias de alto valor agregado e intensivas en mano de obra y también lograr la mejora de la capacidad tecnológica de las empresas locales. En consecuencia, Seúl había establecido una ZLC en la ciudad de Masan (ver tabla 1). Su elección se debió a su cercanía al

---

[1] El tratado de normalización no estuvo exento de polémicas, los recelos de los coreanos debido a la memoria de la colonización japonesa precipitaron un sinfín de protestas que se volcaban a las calles a lo largo y ancho del país.

perímetro industrial de la ciudad portuaria de Pusan, a la cercanía de Masan con los puertos japoneses y a la disponibilidad de mano de obra en la región (Warr, 1984).

Tabla 1. Performance económica ZLC de Masan (1972-1982)

Indicator	1972	1973	1974	1975	1976	1977	1978	1979	1980	1981	1982
Number of Firms	70	115	110	105	99	99	97	94	88	89	83
Number of persons employed	7,072	21,240	20,822	22,248	29,615	28,401	30,960	31,153	28,532	28,016	26,012
Value (millions of U.S. dollars)											
Exports	23.9	145.5	298.0	257.1	441.0	496.5	579.2	621.7	577.3	664.4	601.3
Local Sales	0	0	6.2	7.9	25.2	28.1	81.7	90.7	82.5	99.0	92.1
Imports of raw materials	16.5	91.7	176.7	137.8	216.7	239.3	270.7	293.0	266.2	295.9	281.7
Local raw Materials	1.0	23.1	48.6	44.6	92.7	120.0	130.0	149.4	131.3	144.0	142.7
Total wages and equipment	5.9	17.9	18.9	23.2	36.2	41.4	47.5	51.5	49.4	59.0	59.6
Total electricity used	0.2	1.3	2.3	2.0	3.4	3.8	4.5	4.8	4.5	5.1	5.3
Total taxes	0	1.44	1.79	1.55	1.71	°.50	1.85	1.78	1.74	2.31	2.17
Percentage of local to total raw materials	6	20	22	24	30	33	32	34	33	33	34

Fuente: Warr (1989:72).

La internacionalización de las empresas, sobre todo las japonesas, contribuyó al desarrollo teórico de Akamatsu. Sin lugar a dudas, el FG explica el modelo de desarrollo en Asia (Terry, 2002). El patrón de desarrollo industrial de los FG describe cómo evoluciona la economía de los países menos avanzados cuando entran en una relación económica internacional con los países avanzados (Akamatsu, 1962).

Figura 1. Esquema de la teoría de los gansos voladores

* Gansos voladores («*flying geese*», Akamatsu 1962)

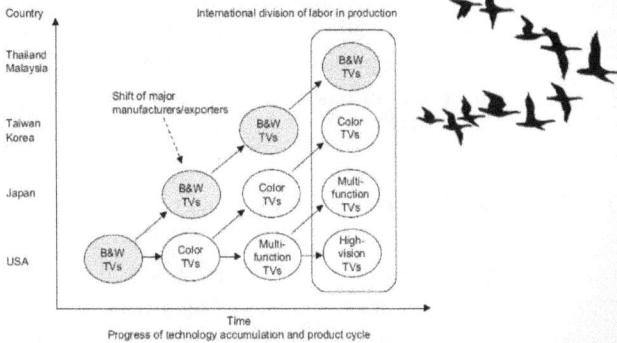

Source: Drafted by the author.

Figure 2-4A. Country and Product Cycle in Television Sets

Fuente: Unctad, 1996.

Esta teoría concibe que el desarrollo establece una división del trabajo regional desembocando en lo que llamamos redes de producción. Gráficamente, se representa como una formación de gansos alineados sucesivamente detrás de las naciones industriales en orden de sus diferentes etapas de crecimiento (ver figura 1) y de posición en la cadena de valor en un patrón de vuelo de ganso. El ganso líder en este patrón es Japón, en un segundo nivel se encuentran las naciones con economías recién industrializadas (Corea del Sur, Taiwán, Singapur y Hong Kong). Luego los países de la ASEAN y cerrando la formación China, Vietnam y Filipinas.

En definitiva, el modelo de FG fue posible en gran medida debido a la internacionalización de las empresas. Los estímulos ofrecidos por las nuevas ZLC atrajeron empresas japonesas en un momento donde estas se enfrentaban a una serie de dificultades en su mercado local. La transferencia de los procesos intensivos en mano de obra hacia los países aún no desarrollados de la región generó la emergencia de redes de producción. Debido a esto, los países como Corea del Sur y Singapur o territorios como Hong Kong y Taiwán emprendieron los primeros pasos hacia la industrialización.

Internacionalización, ciclo virtuoso y ZLC

En un análisis comparativo de la internacionalización de las multinacionales de Corea y China se puede concluir que es más factible que se produzca la internacionalización cuando estas se enfrentan con desventajas competitivas internas (Xiaohua Yang *et al.*, 2009). Estas desventajas pueden resultar de la ausencia o deficiencia de uno o más de los atributos del diamante de ventajas comparativas (Porter, 1998)[2] en su mercado interno (factores *Push*) más que por la atracción de ventajas en países extranjeros (factores *Pull*). No obstante, con esta afirmación discrepan algunas teorías que tienden a centrarse en el mercado de un país receptor y en las condiciones económicas que hacen que las empresas se internacionalicen con motivos de *asset-seeking and opportunity-seeking* (Luo & Tung, 2007 en Yang *et al.*, 2009).

Castley (1998) fundamenta que gran parte del éxito en la industria electrónica de Corea se explica por el concepto de "ciclo virtuoso" que retoma de Shinohara (1982). Se

---

[2]   Además de las cuatro condiciones del diamante –dotación de factores, demanda, industrias relacionadas y de soporte y estrategia, estructura y competencia de las empresas–, Porter (1998) sugiere que la actividad del gobierno a través de acciones como la imposición de regulaciones puede alterar las condiciones de demanda de una nación, alterar la rivalidad e incluso afectar la dotación de factores.

considera que una economía exitosa que presenta crecimiento principalmente basado en la exportación también
presenta crecimiento por inversión. El concepto de ciclo
virtuoso se explica porque las exportaciones y la inversión
se retroalimentan. Es decir, si una economía fuera sosteni-
da solo por la exportación inevitablemente buscaría continuar aumentando su capacidad exportadora. Esto daría
lugar a un auge de la inversión en el país reforzando así
el poder competitivo de las industrias exportadoras. Por
otro lado, un eventual auge de las inversiones conduciría
a un aumento de las exportaciones, que a su vez, produciría otro incremento de la inversión en el país. Un auge
en la inversión interna produciría un fuerte aumento en
la importación de bienes de capital y esto constituye el
último impulso en el proceso de retroalimentación entre la
exportación y la inversión. En rigor, el crecimiento de una
economía orientada a la inversión no puede ser asegurado
a menos que haya un aumento en las importaciones de
bienes de capital.

Si se sigue con el ciclo virtuoso de relación entre
inversión-exportación y la teoría de los FG, se explicaría en
gran parte el éxito de las empresas asiáticas y de la región
en general mediante la teoría de la internacionalización.
La convergencia de la región hacia los estándares de industrialización de los países desarrollados seguiría este proceso de relación entre la internacionalización de las empresas para instalarse en ZLC para exportar, el ciclo virtuoso
y la teoría de los FG. Según la cual dicho ciclo se expan-
de por la región mediante el líder: Japón. Concordando
con Castley (1998), el caso de las empresas japonesas en
la industria electrónica de Corea es un claro ejemplo que
comprueba esta hipótesis.

Caso de empresas japonesas en Corea

En el Segundo Plan Quinquenal (1966-1971), el gobierno coreano de Park Chung-Hee buscó estimular la industria electrónica para que aumentara la producción. Sin embargo, no fue hasta 1969 que el gobierno promovió la electrónica como una industria de exportación estratégica a través de la Ley de Promoción de la Industria Electrónica, que fue inspirada en una ley japonesa.[3]

Concordando con Castley (1998), la selección de la electrónica como industria estratégica se basó en una serie de supuestos. En primer lugar, que explotaría la ventaja comparativa de Corea en mano de obra barata para los procesos de producción intensivos en mano de obra (como el montaje). Segundo, que generaría empleo. Tercero, estimularía el crecimiento de otros sectores de la economía mediante la compra de insumos locales. Cuarto, que permitiría la transferencia de tecnología extranjera. Quinto, que habría demanda suficiente, particularmente en los mercados de ultramar, donde la popularidad de los productos electrónicos ofrecía un fuerte potencial de crecimiento. Cabe destacar que el "Plan Electrónico" abarcó un periodo de ocho años 1969-76 y estableció una meta de US$ 400 millones en exportaciones (ver tabla 2), un objetivo que en realidad fue superado en más del 150% (Castley, 1998: 32-33).

---

[3]   Ley Japonesa de Medidas Temporales para la Promoción de la Industria Electrónica de 1957.

Tabla 2. Crecimiento de la industria electrónica coreana (en millones de US$)

	1967	1969	1971	1973	1975	1980
Production (a)	37	80	138	462	860	2,852
Exports (b)	7	42	89	369	582	2,004
(b) as % of (a)	18	52	64	79	68	70
Total exports (c)	320	623	1,068	3,221	4,885	17,214
(b) as % of (c)	2	7	8	10	12	12

Fuente: Castley (1998: 29).

El principal estímulo a la industria electrónica en Corea provino de una fuente externa. Como demuestra Castley (1998), el boom de inversión de las empresas japonesas en Corea durante el Plan Electrónico de 1969-1976 se dio en gran medida por varios factores. Primero, por la búsqueda de las empresas japonesas de mano de obra barata y de una zona de exportación para ingresar en el mercado norteamericano. Segundo, por la proximidad geográfica que permitía aprovechar las ventajas en mano de obra barata sin perder el beneficio en gastos de traslado por distancia. Tercero, por la competencia con las empresas norteamericanas. Castley (1998) diferencia la inversión de las empresas de ambos países en Corea. Mientras las norteamericanas prefirieron instalar subsidiarias, las japonesas invirtieron en Joint-Ventures (JVS), lo que permitió la transferencia de tecnología (*know-how*) contribuyendo al proceso de FG en Corea del Sur y también en el este de Asia en general.

Castley continúa dando los motivos de la inversión extranjera directa (IED) de Japón en Corea con los factores *Push* y *Pull*. Dentro de los factores *Push* se encuentra la necesidad de las empresas japonesas de buscar otra base de producción y exportación para mantenerse competitivos en otros mercados como el europeo y el norteamericano. El otro motivo, fue la necesidad de "disfrazar" la producción cambiando el lugar de origen, de esta manera lograban saltearse muchas barreras arancelarias reduciendo el precio de sus productos en los mercados meta (Castley, 1998: 35). Entre los factores *Pull* se destacan la proximidad geográfica de Corea, la disponibilidad de mano de obra barata y las políticas del gobierno de Park durante el Segundo Plan Quinquenal para favorecer la inversión en industria electrónica. Castley destacó la intervención japonesa en la instalación de la ZLC de Masan en Corea.[4] La inversión de las empresas japonesas en Masan alcanzó el 62% del total de las exportaciones producidas (Castley, 1998: 36).

Para mediados de 1980, los chaebol comenzaron a declinar la dominación japonesa, a través de las JVS y los lazos con proveedores japoneses comenzaron a ganar en competitividad. Los mayores conglomerados coreanos siguieron dependiendo de la industria japonesa y norteamericana en componentes, tecnologías y capital, pero el estímulo inicial dado por los japoneses abrió las puertas a la industria coreana de seguir su propia estrategia de marketing y expansión trabajando de forma cercana con firmas japonesas a través de JVS y de proveedores (Castley, 1998: 37-38).

Un claro ejemplo es el progreso de la industria electrónica coreana en el ranking de exportación. Tal como nos muestra la tabla 3, la industria electrónica pasó de producir solo el 4% de las exportaciones en 1970 al 25% para 1988, lo que la ubicaba en el primer lugar del ranking. Otro detalle es el avance que produjo Corea del Sur en la cadena

---

[4]   La ZLC de Masan, según Castley, fue situada en la costa frente a Japón, al este de Corea, la cual aprovechó la ventaja de proximidad geográfica y fue planeada para la inversión japonesa.

de valor, declinando en la exportación de industria liviana (textiles) a la exportación de industrias con mayor valor agregado como la electrónica.

Tabla 3. Ranking de la electrónica dentro de los sectores exportadores coreanos (cuota en % del total de exportaciones)

	1970	1975	1981	1985	1988
1st	Textiles (41)	Textiles (36)	Textiles (30)	Textiles (23)	Electronics (25)
2nd	Plywood (11)	Electronics (9)	Electronics (11)	Electronics (14)	Textiles (24)
5th	Electronics (4)				

Fuente: Castley (1998: 29).

Conclusión

El proceso en el este de Asia y, por extensión en el Asia Pacífico, continúa a la par de este caso estudiado. El ciclo virtuoso de relación entre exportación, inversión e importación de bienes de capital continúa expandiéndose. A medida que más países se suman a los que llamamos países desarrollados, continúan un ciclo parecido: revaluación de sus respectivas monedas, mayor legislación laboral con su consecuencia en el aumento de costo de mano de obra y saturación por competencia en sus mercados locales.

De acuerdo con el diamante de las ventajas comparativas de Porter, el aumento en costes laborales dejaría de presentar en la economía local ciertas ventajas. La desaparición de estas ventajas favorecería la internacionalización de las empresas en otros países. Por costo de traslado, los países destino de estas inversiones serían los más cercanos, que además presenten ventajas en costes de mano de obra esparciendo el proceso del FG por la región.

En el caso de Corea, es posible distinguir muy claramente dos variantes de ese tipo de inversión:

> ... la que se efectúa de forma directa, que consiste en fabricar en
> el país a cuyo mercado se destina la producción, y la indirecta,
> en virtud de la cual la empresa invierte en un país o bien perte-
> neciente a una unión aduanera de la que forman también parte
> los países-objetivo, o bien firmante de un tratado de librecambio
> con el país-objetivo o bien simplemente próximo a este (Savary
> y Chin, 1989, en Bustelo, 1991: 21).

El proceso continúa con los países de la ASEAN y luego China, Vietnam y Filipinas, que se ubican últimos en la
estructura del FG. La internacionalización de las empresas
no solo tiene su efecto en los países receptores de la inversión a través del ciclo virtuoso, sino que también a través de
la conformación de redes de producción con proveedores
en los demás países.

Bibliografía

Akamatsu, K. (1962). "A historical pattern of economic
growth in developing countries". *Journal of Developing
Economies*, 1, 3-25.

Bustelo, P. (1991). "La expansión de las grandes empresas
de Corea del Sur (Chaebol): un ejemplo de estrategia corporativa". *Cuadernos de Estudios Empresariales*,
1, 13-23.

Castley, R. (1998). "The Korean Electronics Industry: The
Japanese Role in its Growth". *Asia Pacific Business
Review*, 4:2, 29-47.

Porter, M. (1990). "The Competitive Advantage of Nations".
Harvard Bussines Review, 71-91.

Shinohara, M. (1982). *Industrial Growth, Trade and Dynamic Patterns in the Japanese Economy*. Tokyo: University of Tokyo Press.

Terry, E. (2002). "Flying Geese", en Terry, E., *How Asia Got Rich: Japan, China and the Asian Miracle* (pp. 46-101). New York: M. E. Sharpe.

Warr, P. (1984). "Korea's Masan Free Export Zone: Benefits and Costs". *Developing Economies*, 22, 167-184.

Warr, P. (1989). "Export Processing Zones: The Economics of Enclave Manufactuning". *Research Observer*, 4(1), 65-88.

Yang *et al.* (2009). "Internationalization of Chinese and Korean Firms". *Thunderbird International Business Review*, Vol. 51, 1, 37-51. Obtenido de Wiley Inter-Science: www.interscience.wiley.com

5

Cambio del sistema político de Corea del Sur

Del autoritarismo a la democracia

MATEO BANGUERO AGUDELO

Introducción

Este trabajo analiza algunas de las políticas tomadas por los gobiernos autoritarios que rigieron durante 1948-1987 en la República de Corea para así entender cómo fue la transición hacia la plena democratización del Estado. No obstante, si bien la génesis del Estado coreano se enmarca en la segunda posguerra mundial, la tradición autoritaria puede remontarse en el tiempo hasta su pertenencia al sistema tributario de la dinastía Qing en China, y a eso también hay que sumar: por un lado, el corto periodo en el que gobernó la dinastía Choson y, por otro lado, el protectorado ejercido por el Imperio de Japón entre 1911 y 1945.

Además, se considera necesario para comprender el proceso de transición política de un régimen autoritario a uno democrático abordar el vínculo entre empresas y gobierno. En este sentido, se analizarán: a) el gobierno de Syngman Rhee y su búsqueda de una modernización industrial que permitiera alcanzar la autosuficiencia, b) la influencia de la Constitución Yushin en la sociedad, bajo el tercer mandato de Park, y su efecto sobre las huelgas masivas; y c) las acciones políticas del gobierno de Chun Doo-hwan que generaron que el autoritarismo en la República de Corea fuese insostenible y que Roh Tae Woo optara por una democratización verdadera en el país.

Primer gobierno de la República de Corea: Syngman Rhee (1948-60)

Tras la formación de la Primer República de Corea, en 1948, se establece un gobierno "democrático" dirigido por Syngman Rhee. Abiertamente reconocido como anticomunista, la lucha contra el comunismo se convirtió en uno de los ejes estratégicos de su administración y eso le permitió, en la coyuntura de Guerra Fría, cimentar la alianza política y económica con Estados Unidos. Así, Corea se convirtió –junto a Japón y, desde 1949, también con Taiwán– en uno de los pilares de la política de contención norteamericana del comunismo en el Asia del Este.

Además, si bien la Casa Blanca apoyaba la conformación de un régimen democrático, las primeras políticas adoptadas por Syngman Rhee dieron a entender que se tomaba distancia de esa lógica:

... el régimen se esforzó por mantener una formalidad democrática. Las elecciones se sucedían oportunamente, pero eran poco competitivas y siempre las oscurecía la sombra de la manipulación y el fraude: el propio Rhee fue reelegido en 1956 y 1960 por amplias y sospechosas mayorías. Si bien la Asamblea Nacional de la República de Corea siguió funcionando, esta instancia legislativa no representaba un contrapeso de consideración frente al Poder Ejecutivo (León, 2006: 48).

Asimismo, Washington permitió ese giro político hacia el autoritarismo y se iniciaron una serie de reformas institucionales en la estructura del sistema legislativo coreano. El Código Civil y Penal, también las leyes sobre de derechos de autor y derechos laborales, entre otras. Las reformas en materia de derechos laborales terminaron de mostrar cómo se dirigía el autoritarismo de Rhee hacia la población, que no contento con eso reprimió las huelgas populares que realizaban los trabajadores afectados por la reforma laboral, y eso fue nutriendo la resistencia social y orientó a la población contra su gobierno (Jin, 2003).

Por otro lado, el gobierno de Syngman Rhee logró una recuperación económica liderada por el sector agrícola gracias a la cooperación norteamericana. Esta cooperación le bastó al gobierno para realizar una reforma agraria llamada Revolución Verde que consistió en confiscar las tierras explotadas por el gobierno colonial japonés, repartir aquellas tierras de forma igualitaria entre los nuevos propietarios rurales e incentivar la adopción de técnicas modernas de producción agraria. Esta reforma, a lo largo de la década del cincuenta, permitió disminuir la dependencia de la asistencia externa orientada a cubrir las necesidades nutritivas de la población (Bouteiller y Fouquin, 2001).

Esta reforma agraria surgió de la iniciativa del gobierno para sustituir las importaciones por productos nacionales en pro de lograr una industrialización que pudiese satisfacer las necesidades de la población y, al mismo tiempo, permitir la importación de bienes de valor agregado. Al respecto:

> ... se orientó a promover la industrialización a partir del intervencionismo estatal. Dicho proceso no estuvo exento de marchas y contramarchas. En una primera etapa, durante los años de la reconstrucción en la década del cincuenta, se privilegió una estrategia de sustitución generalizada de importaciones con políticas proteccionistas. Si bien dicho proceso permitió el des-

pegue del sector agroalimentario en Corea y del textil, encontró
rápidamente sus límites debido a la escasa dotación de materias
primas... (Torija-Zane, 2012: 14).

Más aún, Amsden (1989) nos explica que el enfoque
económico que toman los países con una industrialización
tardía se basa en poder competir en el mercado mundial
a través de la disminución de salario para minimizar el
gasto en mano de obra. Otra forma de ingresar al mercado mundial para estos países se basa en generar, a partir
de políticas estatales, un control en la productividad de
las industrias de producción de bienes finales, por lo cual,
para mejorar la productividad el gobierno busca la especialización y capacitación de los trabajadores. En el caso de
Corea, el gobierno aplicó ambas medidas (Amsden, 2004).

Los motivos de la salida de Syngman Rhee del
gobierno de la República de Corea en 1961 fueron varios,
entre los más importantes se destacan dos. Por un lado, el
proceso de Industrialización Sustitutiva de Importaciones
(ISI) para el desarrollo de la industria mediana y pesada
realizada por Syngman Rhee contribuyó a la diversifica-
ción de la estructura económica y social, siendo la base
del modelo económico empleado hasta nuestros días por
la República de Corea. Sin embargo, no fue especialmente
exitoso en esos años, ya que la economía surcoreana históricamente se basaba en la producción agrícola, por lo
cual, el bajo incentivo e inversiones del gobierno generó
desacuerdo por parte de la sociedad rural (Dollar y Fouquin, 2006).

Por otro lado, la movilización masiva estudiantil en
1960 en contra de los excesos autoritarios de Syngman
Rhee. Además, también el fraude cometido en las elecciones de 1956 y, en especial, la represión realizada durante la

Guerra civil o Guerra de Corea (1950-53) en contra de los
ciudadanos fueron factores que con llevaron a o precipitaron la renuncia de Syngman Rhee.

Segundo gobierno de la República de Corea: Park Chung Hee (1963-79)

Tras la renuncia de Syngman Rhee, los ciudadanos surcoreanos esperaban la instauración de un gobierno democrático; sin embargo, luego de un corto gobierno de transición llegó al poder Park Chung Hee. En 1963, Park instauró
un régimen mixto basado en la institucionalización y una
autoridad personalista de su poder:

> Tras un breve periodo de transición, Park Chung Hee se hizo car-
> go del poder ejecutivo de la República de Corea en 1963. Militar
> de carrera, Park encabezaría un sistema sumamente autoritario
> que en principio pretendió mostrar ciertos matices democráti-
> cos, para lo cual mantuvo viva a una Asamblea Nacional de muy
> bajo perfil... (León, 2006: 49).

Al establecerse el nuevo gobierno, una de sus primeras medidas fue la creación de la Agencia Central de
Inteligencia de Corea (KCIA) cuyo objetivo era la persecución de cualquier persona que expresara opiniones nega-
tivas sobre el gobierno de Park. Se lograba así mantener
un férreo control de las actividades políticas de los ciudadanos por medio de intimidaciones, arrestos, desapari-
ciones y exilios forzados. El margen de acción de la KCIA
en la década del setenta traspasó las fronteras del país, el
caso más conocido sobre sus actos "internacionales" fue
cuando en 1973 atrapan a Kim Dae Jung, el mayor líder
opositor del gobierno, radicado en Tokio, y lo trasladan
hasta Corea del Sur donde fue torturado y encarcelado. La

KCIA es comparada con otras instituciones del mundo que también tuvieron ese tipo de características como la KGB en la Unión Soviética, concordando con Lee (2002).

El gobierno de Park Chung Hee acentuó la política anticomunista existente desde la Guerra de Corea: "Tanto la distensión internacional como las tensiones internas intensificaron el anticomunismo existente en Corea del Sur desde finales de 1960 en adelante" (Lee, 2007: 71). Al ser declarada la Doctrina Nixon en 1969, Corea del Sur pierde el apoyo financiero de Estados Unidos para la defensa conjunta contra el comunismo. Park, ante esta situación, decide continuar a toda costa con la inversión en la industria pesada y buscar mejorar las relaciones comerciales y políticas con Japón, para contrarrestar la amenaza comunista de la República Popular de Corea.

Park empleó un modelo de desarrollo económico proteccionista que buscaba fomentar la industrialización a través de la creación de la Junta de Planificación Económica. Su objetivo era implementar diferentes planes económicos orientados a lograr integrar a Corea del Sur al mercado mundial como un país exportador de manufacturas con medio y alto valor agregado.

El Primer Plan Quinquenal (1963) estuvo orientado a promover las industrias medianas como las de confección textil, la agroindustria, la industria del cemento, los fertilizantes, la electricidad y la refinación del petróleo. El Segundo Plan Quinquenal (1967) fomentó la industria pesada (siderurgia, mecánica, automotriz) y el Tercer Plan Quinquenal (1972) tuvo como objetivo impulsar la química y continuar el fomento de la industria pesada (pero ahora también orientada a la construcción naval, la producción de acero, la petroquímica). Este Tercer Plan Quinquenal buscaba obtener ventajas competitivas en sectores como la siderurgia, los automóviles, la electrónica y los productos químicos y puede considerarse desde el punto de vista desarrollista un plan exitoso (Dollar y Sokoloff, 1984).

Sin embargo, la crisis petrolera de 1973 y la demanda de inversión de capitales para el desarrollo de los planes quinquenales generaron que el gobierno de Park se viera obligado a solicitar préstamos internacionales. Y de la mano de eso, se fueron incrementando los niveles de endeudamiento externo, especialmente con Japón, Estados Unidos y el Banco Mundial. A tal punto fue una cuestión importante el endeudamiento que Corea del Sur llegó a ocupar el puesto número 3 del ranking mundial de países deudores en 1975 (Dollar y Sokoloff, 1984).

Retomando el curso político de los años sesenta, la oposición política se fue organizando y en torno a ella la figura política de Kim Dae Jung ganaba adeptos día a día. Kim se convertiría en el ícono de la democratización surcoreana. Su objetivo era presentarse a las elecciones de 1971, pero pierde frente a una sospechosa reelección de Park. Esas elecciones dejaron preocupado a Park por la falta de legitimidad de origen en la que se encontraba su gobierno, por lo cual en 1972 impulsó con éxito la ley marcial. Así, logró modificaciones constitucionales que lo favorecieron. Las elecciones ya no serían directas sino indirectas y así lograba enquistarse en el poder indefinidamente. El resultado fue el establecimiento de la Constitución Yushin (Lee, 2002).

Yushin le otorgó al gobierno de Park facultades legislativas con las que promulgó la Ley de Seguridad Nacional y la Ley Anticomunista, ambas con fuerte sesgo represivo, ya que establecían penas carcelarias a los individuos que llevaran a cabo actividades que se consideraran contrarias al Estado Nacional y que tuvieran como objetivo beneficiar a Corea del Norte. Además, cabe recordar que la

Ley Anticomunista sigue vigente hasta nuestros días y que, incluso, su contenido restringe y cercena los derechos básicos del trabajador. Como ejemplo de esto último, Cumings (1987) señala que están prohibidos los sindicatos que no se encuentren supervisados por el gobierno, que se niega el derecho de negociación o acción colectiva gremial y la realización de huelgas, las cuales eran consideradas ilegales.

Uno de los sectores sociales que más sufrió la represión durante el régimen Yushin fue el de los sindicatos de trabajadores industriales, ya que estos realizaban constantes huelgas en pro del mejoramiento de su salario. La crisis petrolera de 1973 ciertamente afectaba al mundo y en especial a Corea, que a raíz de su endeudamiento externo perjudicaba más a las clases medianas y bajas del país. Por otro lado, en la década de los setenta, en las universidades a lo largo del país proliferó un estilo de activismo en el cual los estudiantes buscaban establecer una presencia política en las fábricas a fin de concientizar a los obreros sobre las injusticias sociales. Una de las huelgas más conocidas por la comunidad internacional fue la de 1970 en el Mercado de La Paz, en Seúl, donde un obrero textil llamado Chon Tae Il –como forma de protesta contra las malas condiciones de trabajo y el mal salario en el que se encontraban los obreros del país– se prendió fuego y murió (León, 2006).

Por otro lado, la férrea represión del régimen Yushin ocurrió mientras la economía registraba altas tasas de crecimiento derivadas del proceso de industrialización sustitutiva de importaciones. Sin embargo, hacia fines de la década del setenta, el modelo de desarrollo surcoreano comenzó a enfrentar problemas causados, en gran parte, por las dificultades para financiar la industrialización pesada, según el análisis de León (2006). Así, para 1979 el gobierno de Park había perdido un importante respaldo popular y eso socavaba su base de legitimidad ya que lidiaba con fuertes protestas sociales en las ciudades más importantes del país. Además, la oposición política iba ganando peso y lograba hacerse del apoyo de la clase media, pero hubo un incidente que fue lo que culminó abruptamente con el gobierno de Park:

> Tras el repentino cierre de una fábrica de textil por su propietario en agosto de 1979, la policía desalojó violentamente a 170 mujeres de la fábrica y las sitió en la sede del Nuevo Partido Democrático, liderado por Kim Young Sam, donde estas se habían refugiado. Dos días después la policía tomó por la fuerza las oficinas del partido, dejando como saldo numerosas obreras heridas y una muerta [...] A partir de este incidente, las protestas sindicales se multiplicaron explosivamente en todo el país con el apoyo de los estudiantes (León, 2006: 56).

A raíz de este conflicto social, Park se reúne con el director de la KCIA, Kim Chae Gyu, para deliberar las acciones que tendría que tomar con el propósito de finalizar la movilización social. Pero Park fue asesinado por el propio Kim. En el juicio que posteriormente se le siguió, el ex director de la KCIA argumentó que había victimado a Park para poner un alto a un régimen cada vez más autoritario y errático (Lee, 2007).

Tercer Gobierno de la República de Corea: Chun Doo-hwan (1979-87)

Tras la muerte de Park, se desarrolló un gobierno de transición que prometía una liberalización del régimen político por medio de una reforma constitucional y, además, impulsó una amnistía para los presos políticos, lo cual permitió la rehabilitación política de Kim Dae Jung. No obstante, este intento de liberalización despertó de inmediato una enorme desconfianza entre los oficiales superiores de las Fuerzas Armadas. El general Chun Doo-hwan se autodeclaró director de la KCIA y Jefe de Estado por medio de un golpe de Estado que contó con el apoyo del grupo de oficiales que integraban el Hanahoe.[1] Se restableció la ley marcial, se clausuraron las universidades, se prohibieron los partidos políticos y hasta se disolvió el poder legislativo; en suma, se consolidó una plena dictadura, según Clifford (1998).

Sin embargo, Chun a principios de la década del ochenta logró manejar la crisis económica que vivía el país –que se veía afectado por el aumento de los precios del petróleo que fueron consecuencia de la segunda crisis petrolera de 1979–. Esta recuperación de la economía ocurrió debido a que el gobierno tomó la decisión de realizar una moderada apertura comercial hacia el exterior, lo que obligó a que la protección de la competencia exterior que se brindaba a los grandes conglomerados no pudiera continuarse. Asimismo, como los grandes conglomerados coreanos habían ganado competitividad mientras recibieron el apoyo del gobierno para su desarrollo, esto ayudó a que pudiesen competir mano a mano con otros conglomerados, norteamericanos o europeos. Esta medida logró equilibrar la economía nacional y generó un superávit comercial a lo largo de la década, mientras que en Latinoamérica se vivía la "década perdida" por la crisis económica que afectaba toda la región (Amsden, 1999).

Empero esa contención de la crisis económica, Chun no pudo contener la movilización sindical que se realizó durante el denominado Verano Caliente de 1987. Sin recurrir a la violencia, Chun fue destituido por el Hanahoe y remplazado Roh Tae Woo, quien entendía que para el régimen militar era imposible mantenerse en el tiempo. Por

---

[1]   Hanahoe (Grupo de uno): fue un grupo privado de oficiales militares en Corea del Sur que se mantuvieron en el gobierno desde su instauración en 1955 hasta 1990 cuando Kim Yong-Sam, presidente en ese periodo, disolvió la logia militar.

eso, propuso una transición gradual del régimen autoritario a una verdadera democracia, reformando la constitución. Ahora el periodo para gobernar seria de 5 años y no habría posibilidad de ser reelecto. Se llamó a elecciones en 1987 y se ratificó la reforma constitucional. Sin embargo, los opositores políticos tras el llamado a elecciones se dividieron en grandes facciones. Una, liderada por Kim Dae Jung. La otra, por Kim Young Sam. Pero ambas facciones pierden las elecciones y quien salió victorioso fue Roh Tae Woo (León, 2006).

Durante el gobierno de Roh la economía del país siguió creciendo mostrando índices de superávit comercial. Donde el gobierno mostraba deficiencias era en su capacidad para lidiar con las agitaciones sociales internas. Tanto los sindicatos como los estudiantes y la población en general exigían una verdadera democratización de la política, demandaban la disolución de los colegios electorales y que se realizaran votaciones directas para acabar así con el fraude electoral del que hacía uso la dictadura militar desde la creación misma del Estado coreano. Ante este panorama, el gobierno de Roh buscó ganar el respaldo internacional, mostrando lo diferente que estaba Corea en comparación con los años difíciles vividos después del fin de la Guerra de Corea en 1953. La escena perfecta para mostrar este cambio fueron los Juegos Olímpicos de 1988, celebrados en Seúl, tal como nos lo indica José Luis León:

> La realización de los Juegos Olímpicos de 1988 en Seúl era vista por el gobierno de Chun como una oportunidad de enviar al mundo el mensaje de que el país ya no estaba devastado por la guerra, marginado y subindustrializado, sino que se había convertido en una economía en camino hacia el pleno desarrollo. Sin embargo, la vitrina de la modernidad se empañaría en vista de las demandas de apertura provenientes de la sociedad civil.

La Olimpiada de Seúl, en efecto, estuvo precedida por significativos conflictos sociales y reiteradas demandas de democratización política (León, 2007: 58).

Poco a poco se fue consolidando la democracia en
Corea del Sur, y ya en la década de los noventa durante el
gobierno de Kim Young Sam se realizaron los conocidos
"Juicios del siglo". En ellos se juzgaron a los responsables
de los crímenes de lesa humanidad cometidos durante la
dictadura de la década pasada. Como resultado de estos
juicios, se declaró culpable al ex presidente Chun Doo-
hwan por aceptación de sobornos, enriquecimiento ilícito,
corrupción y delitos contra la seguridad nacional, entre
otros. Chun fue sentenciado con la máxima pena a cumplir
en Corea: la pena de muerte. Asimismo, durante este juicio
se condenó a 22 años de prisión al ex presidente Roh Tae
Woo por su participación en el golpe de Estado de 1979 y
por la masacre realizada durante su gobierno en la ciudad
de Kwangip, la cual dejo más de 190 personas muertas.

Conclusión

La argumentación desarrollada permite concluir que la
liberalización de la política coreana llegó como un fenómeno tardío que comienza a desarrollarse recién a finales
de los años ochenta, pero que se desarrollará con fuerza a lo largo de la década de los noventa. En contraste,
la industrialización sustitutiva de importaciones, que jugó
un papel importante para la consolidación de Corea como
un mercado emergente, se logró antes que el proceso de
apertura política, porque los diferentes gobiernos autoritarios garantizaron la continuidad del modelo económico.
Esa política económica fue el corazón del proceso por el

cual Corea del Sur logró posicionarse dentro de las quince economías más desarrolladas del mundo a principios del siglo XXI.

También se puede inferir que el cambio del sistema político en la República de Corea a finales de la década del ochenta fue un proceso marcado por revoluciones internas, luchas entre las diferentes facciones frente a sectores populares que terminaron uniéndose por una causa en común: acabar con el autoritarismo reinante desde la formación de Corea como un Estado independiente.

Bibliografía

Amsden, A. (1989). *Asian's Next Giant South Korea and Late Industrialization*. Oxfordshire: Oxford University Press.

Amsden, A. (2004). "La sustitución de importaciones en las industrias de alta tecnología: Prebisch renace en Asia". *Revista de la Cepal*, 82, 75-90.

Boutellier, E. y Fouquin, M. (2001). *Le développement économique de l'Asie orientale*. Paris: La Découverte.

Clifford, M. (1998). *Troubled tiger: Businessmen, bureaucrats, and generals in South Korea*. London: M. E. Sharpe.

Cumings, B. (1987). "The Origins and Development of the Northeast Asian Political Economy: Industrial Sectors, Product Cycles and political consequences", en Deyo, F. (ed.). *The Political Economy of the New Asian Industrialism*. Ithaca: Cornell University Press.

Dollar, D. y Sokoloff, K. (1984). "Industrial Policy, Productivity Growth and Structural Change in the Manufacturing Industries: A comparison of Taiwan and South

Korea", en Aberbach, J.; Dollar, D. y Sokoloff, K. (eds.). *The Role of the State in Taiwan's Development*. London: M. E. Sharpe.

Jin, R. (2003). "President Issues Apology over Cheju Massacre". *The Korea Times*, Seúl.

Lee, N. (2002). "Anti-Communism, North Korea and Human Rights in South Korea: 'Orientalist' Discourse and Construction of South Korean Identity", en Bradley, M. y Petro, P. (eds.). *Truth Claims: Representation and Human Rights*. New Brunswick, N. J.: Rutgers University Press.

León, J. L. (2006). *Autoritarismo y democracia en Corea del Sur: teoría y realidad*. Buenos Aires: CLACSO.

Ogle, G. (1990). *South Korea: Dissent within the Economic Miracle*. London: Zed Books.

Riedel, J. (1988). *Economic Development in East Asia: What comes naturally*. Cambridge: Cambridge University Press.

Torija-Zane, E. (2012). *Desarrollo industrial y política macroeconómica de los dragones asiáticos: 1950-2010*. Santiago de Chile: CEPAL.

Ascenso de la República de Corea y la República Popular Democrática de Corea

LAUTARO EMANUEL PAGABURU

Introducción

La dinastía Choson o Joseon, que perduró en el poder desde 1392 hasta 1910, fue la última casa gobernante de Corea. Choson adoptó una política aislacionista con el resto del mundo, con excepción de China y Japón. La relación que mantenía con China era la adopción de una política tributaria, donde Choson pagaba tributos diarios al "Imperio del Centro". Con respecto a Japón, la relación fue mucho más estrecha y simétrica en términos de poder, porque compartían el rol en el sistema tributario chino, por lo menos hasta la Reforma Meiji. Choson se destacó por la adopción del neoconfucianismo como estilo de vida y filosofía, dejando al budismo casi por obsoleto en todo el territorio coreano como religión y también como modo de vida. Choson se sustentaba económicamente a base de una economía agraria, sin desarrollar sus industrias, pero en términos políticos la dinastía estuvo constantemente acosada por las invasiones japonesas y chinas entre los siglos XVI y XVII. Choson tuvo su primer contacto con Occidente entre 1593 y 1595, pero continuó asimismo su política de aislamiento. Eso cambió recién en 1880 cuando el rey Kojong implementó nuevas reformas para comenzar la apertura, lo que va a derivar en la firma del Tratado Comercial y de Amistad con Estados Unidos en mayo de 1882 (Yu, 2000).

A finales del siglo XIX, la dinastía Choson se vio liberada del sistema tributario gracias a la victoria japonesa de 1895 pero al mismo tiempo quedó presa de otra nueva hegemonía regional. En un primer momento, la dinastía obtuvo la independencia y pudo convertirse en un reino en 1897, sin embargo, este periodo iba a perdurar poco tiempo ya que para 1905 el reino quedó bajo un protectorado del Japón, quien ahora había vencido a Rusia también. Más tarde, en 1910, se convertiría en una colonia formal del imperio japonés.

Durante la administración japonesa se desarrolló simultáneamente la persecución de comunistas. Ya para septiembre de 1931 la península sufrió un cambio económico y social como consecuencia de la invasión japonesa a Manchuria. En el Norte de la península se establecieron una gran cantidad de industrias dedicadas a los químicos, electricidad y textiles. Esta situación creó una gran cantidad de puestos de trabajos para los coreanos. A pesar de esto, la población local seguía disgustada con la ocupación japonesa ya que los locales eran tratados como seres inferiores. De esto fue emergiendo un movimiento de resistencia contra los japoneses, pero hubo que esperar hasta la culminación de la Segunda Guerra Mundial para que se le presentara una nueva oportunidad de independencia al pueblo coreano.

La independencia

El 15 de agosto de 1945, el Imperio del Japón se rinde incondicionalmente y culmina así la Segunda Guerra Mundial. La península coreana se vio por fin libre de la ocupación japonesa. Pero aún no era libre. Su territorio estaba ocupado por tropas soviéticas al norte del paralelo 38º y al Sur por las fuerzas militares norteamericanas. Esa división entre las grandes potencias fue la génesis de la división de la nación. Poco después del fin de la guerra, se establecieron comités por toda la península con el objetivo de definir y coordinar objetivos entre los políticos y los ciudadanos, su creador fue Yo Um-hyong. Estos comités fueron vitales para que pudiera organizarse un gobierno provisional en agosto de 1945, denominado República Popular de Corea y estando a la cabeza de este Yo Um-hyong. Sin embargo, este gobierno solo duró hasta enero de 1946 porque fue desmantelado tras la llegada de John Reed Hodge, comandante de las fuerzas estadounidenses. No solo desmanteló el gobierno local sino también los comités que se habían expandido por todo el Sur. Estos fueron reemplazados por el "gobierno militar del Ejército de los Estados Unidos en Corea" (Armstrong, 2003: 73).

Esta acción fue impulsada desde la sospecha de ser un gobierno comunista o afín a la Unión Soviética. La política principal del gobierno militar era la contención del comunismo por todo el territorio. Inmediatamente, comenzó la persecución y eliminación de todos los simpatizantes y militantes comunistas en el territorio coreano. Para lograr este objetivo, las fuerzas estadounidenses entrenaron a una policía militar conocida como *Constabulary* (Kuzmarov, 2017). Además, se mantuvo a la policía coreana, que operaba desde los tiempos de la ocupación japonesa, lo cual se explicaba por el adoctrinamiento anticomunista

recibido por Japón. Este proceso de depuración fue llevado a cabo de forma brutal y sanguinaria. Se produjo una
ola masiva de asesinatos, violaciones y torturas por todo
Corea del Sur. En la mayoría de las ocasiones ciudadanos
inocentes eran acusados injustamente y eran brutalmente
asesinados (Hee-Kyung, 2010).

Esta es una de las razones que causó una rebelión
campesina en septiembre de 1946 aunque también hubo
otras razones, como los altos impuestos y la praxis de la
policía coreana. El objetivo principal de la revuelta era
reinstaurar los comités, la rebelión comenzó en Busan y
se propagó por todas las provincias del Sur. El gobierno
militar respondió declarando ley marcial y enviando a la
Constabulary para reprimir a los rebeldes. El movimiento rebelde fue sofocado exitosamente, empero quedó claro el descontento que la población respecto del gobierno
militar. En cambio, en el norte la Unión Soviética decidió
mantener los comités y la estructura del gobierno local en
pos de poder influenciar estas instituciones y garantizar la
orientación política de estos.

La división y ruptura

En 1945, en la Conferencia de Moscú, se acordó la creación
de una comisión conjunta de los Estados Unidos y la Unión
Soviética para ocuparse de la cuestión coreana. El objetivo
de esta comisión era la unificación de Corea y el establecimiento de un nuevo gobierno nacional. Se entablaron conversaciones, pero nunca se pudo acordar en la conformación de un nuevo gobierno para la península. Esto causó el
fracaso de la comisión y Estados Unidos llevó la cuestión
coreana a las Naciones Unidas en 1947. La Unión Soviética
protestó contra esta iniciativa, argumentando que iba en

contra lo acordado en la Conferencia de Moscú. A pesar de las protestas, Naciones Unidas estableció una comisión temporal en Corea con el objetivo de promover las elecciones en el sur de la península. Finalmente, las elecciones fueron realizadas el 10 de mayo de 1948 y su resultado generó la creación de la República de Corea. La elección fue ganada por Syngman Rhee, quien poseía conexiones con la Casa Blanca.

Pero las elecciones no fueron bien recibidas en la sociedad coreana, esto provocó la creación de grupos antigubernamentales y precipitó el levantamiento en la isla de Cheju, el 3 de abril de 1948. A esto se sumó un levantamiento de uno de los sectores del ejército, opositor al gobierno de Syngman Rhee, en lo que se conoció como el "incidente de Yeosun" de 19 de octubre de 1948. Y el nuevo gobierno respondió estableciendo cuarteles generales y facultando a los comandantes de estos para proclamar la ley marcial si fuera necesario. Así, el ejército y la policía fueron los instrumentos para suprimir las rebeliones. La supresión del movimiento rebelde en Yeosun fue llevado a cabo exitosamente, pero los cuarteles se mantendrían activos mucho tiempo después de la supresión de las rebeliones. Durante el incidente de Yeosun, se produjo una ola de asesinatos, llevadas a cabo por la policía y el ejército, en Gurye y Jeollanam-do. Estos asesinatos perdurarían hasta después del incidente de Yeosun, cuando las tropas rebeldes se retirarían hacia la montaña Jiri (Hee-Kyung, 2010).

El ejército coreano emprendería su persecución, realizando interrogatorios, arrestos, torturas y hasta la ejecución de los habitantes de Hamyang y Gyeongsangnam-do. Las víctimas eran seleccionadas por la sospecha de colaborar o participar con las guerrillas y rebeldes, además eran objetivo de interrogatorio si poseían un amigo o familiar que participara activamente con los rebeldes. Si bien tiene asidero que algunos aldeanos colaboraban con los rebeldes, en la mayoría de los casos se les hacía imposible resistirse a las guerrillas; es decir, era una colaboración forzada (Hee-Kyung, 2010). Así, los aldeanos eran víctimas tanto del gobierno como de los rebeldes. Esto se debía a que, la mayoría de las veces, los rebeldes iban a las aldeas a robar las provisiones de los habitantes, quienes no podían defenderse ya que los rebeldes poseían armas de fuego. A continuación de esto, la policía y el ejército iban a la aldea a castigar a los habitantes por haber colaborado con las guerrillas. Todos los arrestos y ejecuciones llevadas adelante por el ejército y la policía fueron realizados bajo el paraguas de la ley marcial. No obstante, la legalidad del estatuto era cuestionable ya que fue proclamada durante ausencia de una apropiada legislación. Además, la Asamblea Nacional discutió su legalidad ya que argumentaban que la ley marcial debía ser aprobada por ella para ser efectiva. También reprochaban las actitudes de los comandantes locales, argumentando que sus medidas no estaban contempladas dentro de la Constitución. El ministro de justicia, Gweon Seungryeol, declaró que estas ejecuciones a civiles sin juicio previo dañaban el honor de las leyes. James Hausman, declaró que estas situaciones perjudicaban la visión de la población hacia el gobierno coreano y los Estados Unidos, señalándolos casi tan malvados como el enemigo (Hee-Kyung, 2010).

Mientras tanto, la República Popular Democrática de Corea se fundó en junio de 1948, siendo liderada por Kim II-sung. Kim ostentaba el apoyo de la Unión Soviética gracias a que había sido un oficial de alto rango en el ejército rojo durante la Segunda Guerra Mundial. Va a haber un importante intercambio cultural entre la Unión Soviética y Corea del Norte entre 1948 y 1950. Desde la educación, los textos del periodo colonial japonés van a ser reemplazados

con lecturas de impronta soviética. También, se va a ins-
taurar escuelas primarias y secundarias de libre acceso
para todos los ciudadanos con el objetivo de eliminar el
analfabetismo en la población. En el entorno universitario,
se va a hacer entrega de becas para subsidiar los estudios
de los distintos individuos. Sin embargo, la educación va
a ser profundamente politizada, provocando una protesta
de estudiantes en la ciudad de Sinuiju en diciembre de
1945, que va a ser reprimida por las fuerzas de seguridad
soviética y locales. Las autoridades soviéticas y coreanas
van a impulsar la industria nacional del cine, ya que era
un medio de comunicación importante que canalizaba la
propaganda de los dos regímenes (Armstrong, 2003).

La guerra

Durante la Primera República Coreana (1948-1960), Rhee
deseaba unificar la península bajo su gobierno. Sin embargo, Corea del Sur no tenía el equipamiento militar adecua-
do para dar tal combate. Por esta razón, Rhee hace una
petición a los Estados Unidos para que le suministre el
equipamiento militar necesario en 1949. Pero la Casa Blanca se niega. Kim, en el Norte, también tenía el deseo de unificar la península, pero compartía los mismos impedimen-
tos de Rhee. Entonces, Corea del Norte realizó la petición a
Moscú, que igualmente se negó en 1949. Sin embargo, Sta-
lin finalmente aceptó proveer a Corea del Norte con equipamiento militar hacia 1950. Esto se debe en alguna medida al éxito de la Revolución de Mao y al avance soviético
respecto al desarrollo de armamento nuclear. La guerra
comenzó el 22 de julio de 1950 cuando el ejército de Corea
del Norte avanzó sobre el paralelo 38º. En menos de dos
meses, Corea del Sur estaba prácticamente derrotada, el

apoyo militar de Moscú había sido decisivo. Sin embargo, esta situación se revertiría cuando los miembros de Naciones Unidas decidieron prestar ayuda militar a Corea del Sur. El Consejo de Seguridad se reunió y dictó la resolución 83, que recomendaba a los miembros de Naciones Unidas prestar ayuda a Corea del Sur. Corea del Norte casi fue derrotada por las fuerzas estadounidenses y de Naciones Unidas. Kim se vio obligado a pedir que interviniera en el conflicto la Unión Soviética, pero esta se rehusó. Entonces, Mao decidió intervenir. El 26 de noviembre de 1950, miles de voluntarios chinos cruzan el río Yalu. La guerra llegó a estancarse, ninguno de los dos bandos pudo sobrepasar al otro y esto llevó a que se firmara un armisticio el 23 de julio de 1953. Sin embargo, nunca se llegó a firmar un tratado de paz entre las dos naciones. Ese mismo armisticio acordó crear una zona desmilitarizada.

Durante la Guerra de Corea también se produjo el asesinato de civiles por las fuerzas de seguridad de Corea del Sur. Por ejemplo, esto ocurrió desde el 25 de junio hasta el 28 de septiembre de 1950, cuando se apresó y asesinó a los miembros del *Kookminbodoyonmaeng* (*National Guidance Alliance*). Esto se debió a que el gobierno del sur desesperadamente comenzó a eliminar a todos aquellos que apoyaran o simpatizaran con el régimen del norte. Esto se inició cuando la Oficina de Seguridad del Ministerio de Asuntos Internos publicó un documento que contenía una lista negra, el 25 de junio de 1950. La policía inmediatamente comenzó a arrestar a todos aquellos que se encontraban en la lista. También el 11 de julio se publicó otro documento que ordenaba el arresto de los miembros del NGA y de algunos políticos. La mayoría de los arrestados fueron ejecutados. Donde más sistemáticamente se llevaron a cabo las ejecuciones fue en Cheju (Hee-Kyung, 2010). Todo esto fue realizado mientras en la República de Corea se proclamaba la ley marcial por todo el país. Pero esas ejecuciones violaron la ley internacional humanitaria, ya que aquellos que eran ejecutados no estaban participando activamente en el conflicto, sino que se les incriminaba por sus ideologías y simpatías contrarias al gobierno local (Hee-Kyung, 2010). Estados Unidos también se vio implicado en el asesinato de civiles durante la Guerra de Corea (Hee-Kyung, 2010). Esto se debía a su constante uso de bombardeos en las tácticas de guerra, no solo eran objetivos los edificios militares sino también los civiles. En ocasiones, grupos de refugiados eran confundidos con escuadras enemigas y eran completamente aniquiladas. Estos hechos eran categorizados como daño colateral ya en el contexto de la guerra. El ejército norteamericano fracasó en realizar evacuaciones de civiles y reconocimientos de campo, eso provocó que la fuerza área realizase bombardeos indiscriminadamente, causando la muerte de miles de civiles (Hee-Kyung, 2010).

Un periodo de estabilidad

En Corea del Sur, el gobierno de Syngman Rhee va a finalizar en 1960. Se realizaron nuevamente elecciones, saliendo victorioso Yun Bo-seon. Dando comienzo a la Segunda República en el mismo año, pero solo duraría hasta 1961 ya que un golpe de Estado termina abruptamente con ese gobierno. A la cabeza del golpe estuvo Park Chung Hee quien, bajo un gobierno de signo autoritario, comienza a desarrollar un riguroso proceso de industrialización en Corea del Sur. Se inicia un periodo de crecimiento económico y de estabilidad política, sin embargo, se estaba muy lejos de la senda democrática. Corea del Norte quedó completamente devastada después de la guerra. No obstante, durante los años cincuenta y principios de los sesenta mostró un crecimiento económico superior al del país hermano del sur. Por supuesto, el modelo operaba bajo la ayuda de la Unión Soviética y de la República Popular China, quienes asistían en la reconstrucción del país. No obstante, en los sesenta, el modelo económico comienza a desacelerarse progresivamente y pronto es superado por los logros de Seúl en el terreno económico.

Conclusión

La península coreana atravesó una cantidad exorbitante de cambios entre finales del siglo XIX y el siglo XX. Es recién a mediados del siglo XX que emergen los dos Estados coreanos, con ideologías antagónicas pero con un pasado común. La República de Corea se consolida como una economía capitalista; mientras que la República Popular Democrática de Corea como un régimen comunista.

El proceso de instauración y creación de estos países no va a ser particularmente pacífico, sino que cada uno va teniendo conflictos internos y externos. Pero la Guerra de Corea va a ser un punto de inflexión importante para ambos y un hito en la historia de la nación coreana. Una nación, pero dos países enemistados y una competencia que se alza sobre un universo de niveles: medicina, arquitectura, educación, lo militar y la infraestructura, entre tantos otros.

Ya comenzado el siglo XXI la incertidumbre geopolítica continúa vigente en lo que a todas luces es el último vestigio de Guerra Fría en el mundo. Mientras que Corea del Sur logró estabilizar su economía e industrializarla, al tiempo que fue transitando desde un régimen autoritario hacia uno democrático, Corea del Norte continúa inmersa en un callejón sin salida donde el régimen totalitario no logró industrializar al país y donde se juega todo su poder en el desarrollo de un programa nuclear como si fuera la panacea a todos los problemas nacionales.

Si bien el futuro es incierto, en concreto es claro que la península continuará siendo en el corto y mediano plazo uno de los principales focos de tensión regional porque no ha emergido una voluntad política que pueda contener las tensiones o encaminarlas hacia un verdadero tratado de paz entre ambas Coreas. Y los dos Estados Coreanos no están solos sino inmersos, al igual que lo estuvieron en el pasado, en un juego de tensiones entre Rusia, China, Estados Unidos y Japón. En pocas palabras, el futuro de la nación coreana sigue preso de los intereses de las grandes potencias.

Bibliografía

Hee-Kyung, S. (2010). "Atrocities before and during the Korean War". *Critical Asian Studies,* 15/11/2010, 10/09/2017. Disponible en: www.criticalasianstudies.org

Yu, Yŏng-ik (2000). *Brief Look of Korea: A Bird's Eye View.* New York: The Korea Society, 2-43.

Armstrong, Ch. K. (2003). "The Cultural Cold War in Korea, 1945-1950". *The Journal of Asian Studies,* 62(1), 71-99. Disponible en: https://goo.gl/N5RJPt

Kuzmarov, J. (2017). "Police Training, 'Nation-Building', and Political Repression in Postcolonial South Korea". *The Asian-Pacific Journal / Japan Focus,* 15/10/2017, 04/11/2017. Disponible en: http://apjjf.org

7

Impacto en Corea del Sur de la apertura económica y la expansión china

LUCAS ERBÍN

Introducción

La apertura económica de la República Popular China (RPCh) se debe a las reformas iniciadas en 1978 bajo el liderazgo de Deng Xiaoping. La creación de Zonas Económicas Especiales (ZEE) y la instalación de empresas agrícolas no rurales a lo largo de la zona costera fueron la clave del desarrollo económico y ascenso de la RPCh (Slipak, 2013 y Bolinaga, 2013). A principios del siglo XXI, China se ha consolidado como el primer exportador y el segundo importador de manufacturas a escala global y se presenta como la primera economía en términos de Producto Bruto Interno en términos de Paridad del Poder Adquisitivo. Este rápido desarrollo industrial conllevó el fortalecimiento de los vínculos comerciales, financieros y hasta políticos con sus vecinos, entre ellos Corea del Sur; lo cual supuso dejar atrás el esquema de confrontación vigente durante la Guerra Fría. Precisamente, a principios de los años noventa se produce el establecimiento de relaciones diplomáticas entre ambos países.[1]

---

[1] Las relaciones entre China y Corea del Sur se mantuvieron en un estado de tensión desde la firma del armisticio en 1953. De hecho, no mantenían relaciones diplomáticas porque China solo reconocía a la "única y verdadera Corea", mientras Corea del Sur exclusi-

Esta falta de relaciones diplomáticas cortó todo tipo de vínculo comercial preexistente al conflicto y dificultó cualquier emprendimiento ya que, Corea del Sur, no podía garantizar ningún tipo de salvoconducto o seguridad a sus habitantes o comerciantes si osaban adentrarse en territorio chino para llevar a cabo comercio de cualquier tipo. Sin contar que la falta de acuerdos podría generar más tensión entre estos países.

No obstante, la necesidad de comerciar y satisfacer las demandas internas de ambos países, sumado a la proximidad entre ellos, terminó incentivando de hecho las actividades económicas. Simples y pequeñas en un principio, pero que a futuro terminarían escalando a un nuevo nivel de mucha mayor relevancia, China se convertiría en el principal socio comercial de Corea a principios del siglo XXI.

Seúl supo ver el potencial económico del "socio chino" pero, al mismo tiempo, los chinos comprendieron la importancia del mercado coreano para colocar sus manufacturas industriales y como fuente de inversión. Así, en 1992, ambos países deciden establecer relaciones diplomáticas. Por supuesto, desde el punto de vista geopolítico el acercamiento con China implica un giro importante para el esquema de vinculación y dependencia que, desde la guerra de Corea, Seúl viene desarrollando con la Casa Blanca. Y eso no es un dato menor, porque si bien la relación comercial con Estados Unidos continúa creciendo, lo cierto es que China desplazó progresivamente al "amigo americano" como socio comercial y fuente de divisas. En consecuencia, Seúl comienza un juego de política pendular entre las dos grandes potencias.

---

vamente a la República de China (Taiwán). No obstante, no hay que equivocarse, el principio de "Una sola China" no tiene analogía con el caso coreano, donde sí se acepta el doble reconocimiento.

¿Cuál es el impacto en Corea del Sur de la apertura económica china? La hipótesis de trabajo de este estudio se formula en los siguientes términos: la mutua necesidad de expandir el vínculo comercial y financiero dinamizó la variable política para generar un acercamiento entre ambos países. Corea necesita del socio chino para colocar sus manufacturas por el amplio saldo positivo de la balanza comercial y China se beneficia de los capitales coreanos y de la trasferencia de tecnología, y eso impulsa un esquema de intercambio de tipo intraindustrial que favorece la agregación de valor en las exportaciones de ambos países.

Deng Xiaoping y las reformas en China

1. Desarrollo agrícola

El éxito de la estrategia de desarrollo económico fortaleció la conducción del Partido Comunista Chino y un punto central de ese programa fue la reforma agrícola. En la fase inicial, se desarrollaron las fuerzas productivas bajo el régimen socialista con las características chinas. La fórmula 4+4 se refiere a las cuatro modernizaciones de Zhou Enlai y a los cuatro principios de Deng Xiaoping: la vía socialista, la dictadura del proletariado, el liderazgo del Partido Comunista Chino y el pensamiento marxista unido al pensamiento de Mao (Fairbank, 1996: 487).

Deng Xiaoping orientó la acción política del gobierno central a modernizar la estructura productiva china y eso abrió la puerta para transitar por dos procesos: el primero, supone el paso de una economía planificada a una economía de mercado; el segundo, la transformación de una sociedad rural a una urbana (Bolinaga, 2013).

La reforma de la agricultura introdujo el "sistema de responsabilidad familiar" en 1978. Mao Tse Tung había nacionalizado la tierra y había establecido en las comunas el sistema de distribución igualitario; como consecuencia, el estímulo individual era inexistente y el nivel de producción de las comunas era muy bajo (Fairbank, 1996). La descolectivización de la tierra buscó un reparto más equitativo de las tierras y al mismo tiempo facilitar la migración del excedente laboral hacia la industria rural. Además, este sistema entrega la responsabilidad de la producción a la familia campesina proporcionando un enorme estímulo, pues significaba que mientras más trabajaran más producirían para sí mismos. En lugar de cumplir con los pagos en grano a un Estado terrateniente, ahora las familias campesinas cultivaban ciertas parcelas y devolvían al grupo cantidades específicas de sus cosechas.

La reforma tuvo como principales puntos: las empresas rurales no agrícolas y las ZEE. La formación de esas empresas permitió alcanzar el éxito productivo laboral ya que eran más competitivas que las empresas estatales y porque absorbían gran parte del excedente laboral procedente del campo (Bolinaga, 2013). Para la década del ochenta se priorizó el desarrollo e implementación de cuatro ZEE en las provincias de Guangdong (Shenzhen, Zhuhai y Shantou) y Fujian (Xiamen). Como señalan Xiolan y Yuning (2007), se trataba de regímenes fiscales diferentes al vigente en el resto del país, y su objetivo principal fue facilitar la inversión extranjera en la RPCh. Para el año 2005 se habían creado ya 210 Zonas de Desarrollo Nacional y más de 1.300 Zonas de Desarrollo Provinciales.[2] Volviendo en el tiempo, a finales de los años setenta, apareció un sector no estatal embrionario formado por las

---

[2] Xiolan y Yuning (2007) citado en Bolinaga, L. (2013). *China y el epicentro económico del Pacífico Norte*. Buenos Aires: Teseo, p.112.

industrias rurales, las empresas individuales, las *joint ventures*[3] y las empresas de capital extranjero. El primer paso para la reforma de las empresas públicas consistió en concederles más autonomía y la posibilidad de retener la parte de los beneficios que excedieran la cuota de producción fijada por el plan, estableciendo un "contrato de responsabilidad del empresario" (Bregolat, 2007).

2. Desarrollo industrial

El Partido Comunista Chino había adoptado en el gobierno de Mao una doctrina de autosuficiencia, expresado en un sentimiento antiimperialista y la decisión de seguir el modelo soviético de desarrollo industrial cerrado. Además, se pensaba que el comercio exterior no era importante, y tampoco se visualizaba la producción de bienes de consumo para la exportación con el fin de asegurar el capital extranjero (Fairbank, 1996: 495).

En 1984 se inicia la reforma de las empresas estatales y el desarrollo del sector no estatal. Se adopta una "economía de mercado socialista" en vez de una "economía de mercado planificada". Se procedería a la reforma de precios y la separación entre gobierno y empresas. La economía se gestionaría no mediante el plan, sino por un mecanismo de control macroeconómico en donde el Estado regulara el mercado y este disciplinara a las empresas (Bregolat, 2007). Además, las empresas estatales en lugar de devolver todas sus utilidades al gobierno, llevaban ahora sus propias cuentas y aunque debían pagar impuestos, conservaban el resto para reinvertirlo en maquinaria o para financiar instalaciones y servicios para los empleados. Al igual que en

---

[3] Alianza comercial o empresa conjunta es un tipo de acuerdo comercial de inversión conjunta a largo plazo entre dos o más personas, normalmente personas jurídicas.

el sistema de responsabilidad en la agricultura, esta mayor autonomía de las empresas y un mercado más abierto incentivaron la producción (Fairbank, 1996).

3. Desarrollo financiero

Para 1978 el Banco Popular de China era el único banco estatal, a partir de esta fecha el sistema financiero se fue desarrollando. A principios de los noventa estaría constituido el Banco Central (o Banco Popular de China), cuatro bancos comerciales del Estado (Banco de China, Banco de la Construcción, Banco de la Industria y el Comercio, Banco Agrícola), tres bancos que financian las políticas del gobierno (Banco de Desarrollo Agrícola, Banco de Desarrollo de China y Eximbank creados en 1994), once bancos comerciales más pequeños con estructura de sociedad por acciones, más de un centenar de bancos comerciales resultantes de la reforma de las cooperativas de crédito urbanas y, finalmente, instituciones financieras no bancarias (cooperativas de crédito urbanas y rurales y trescientas sociedades de inversión). Además, en 1990 se creó la bolsa de Shangai y en 1991 la de Shenzhen (Bregolat, 2007: 118).

El saneamiento de los cuatro grandes bancos comerciales fue el eje de la reforma del sistema bancario. El gobierno adoptó un plan que se compone de medidas como: cancelación de los créditos fallidos, recapitalización, liberalización de los tipos de interés a que presta la banca (al tiempo que se mantiene muy bajo el tipo de interés pagado a los ahorradores), entrada a la banca extranjera, mejora del sistema corporativo de gestión, introducción de sistemas de evaluaciones de riesgos y provisión para créditos fallidos y refuerzo del sistema de inspección.

La integración de China a la economía mundial

El proceso de adhesión comenzó en 1986 cuando China solicita "recobrar" su puesto en el Acuerdo General de Aranceles Aduaneros y Comercio (GATT, por sus siglas en inglés), pero la represión llevada a cabo en Tiananmen detuvo el proceso y estancó las negociaciones (Oviedo, 2005). En todo el proceso hay que tener en cuenta la importancia del vínculo con la Casa Blanca ya que será la variable clave que dinamizará el proceso. Ya constituida la Organización Mundial del Comercio (OMC), la única forma de avanzar era solicitad ser miembro adherente del organismo multilateral de comercio.

El acuerdo que finalmente se logró con Estados Unidos repercutió en el resto de las partes contratantes del organismo y aceleró el proceso de adhesión. En mayo de 2000 se alcanzó el compromiso con la Unión Europea y, finalmente, en diciembre de 2001 China ingresa a la OMC (Oviedo, 2005: 366).

El comercio exterior de China venía creciendo hasta entonces, el proceso se acelera vertiginosamente desde su ingreso a la OMC. En la actualidad, China es responsable de un 20% de la demanda de cobre y aluminio a nivel mundial, es el segundo mayor importador mundial de petróleo y su participación en el mundial de soja es de un 46% en 2007 (Bouzas, 2010).

Cuadro 1. Importaciones y exportaciones de China al mundo (por periodos seleccionados) en miles de dólares

Año	Importaciones	Exportaciones	Saldos
1978	10.890	9.750	1.140
1990	53.300	62.000	8.700
2000	225.100	249.200	24.100
2003	412.760	438.228	25.468
2004	561.229	593.326	32.097
2005	659.953	761.953	102.000
2006	791.460	968.935	177.474
2007	956.115	1.220.059	263.944
2008	1.132.562	1.430.693	298.130
2009	1.005.555	1.201.646	196.091
2010	1.396.001	1.577.763	181.762
2011	1.743.394	1.898.388	154.993
2012	1.818.199	2.048.782	230.583
2013	1.949.992	2.209.007	259.014
2014	1.958.021	2.342.343	384.321

Fuente: el periodo 1978-2008 está tomado de Bregolat y el segmento 2009-2014 de Trade Map.

De las cifras del cuadro 1 se puede inferir que la exportación aumentó una media anual de 5,7% en la década de los ochenta, de 12,4% en la década de los noventa y un 20,3% anual entre 2000 y 2003. La importación creció casi al mismo ritmo. El impacto generado por ingreso de la RPCh a la OMC ha sido muy significativo para la

expansión de su comercio exterior. En cuanto al comercio
de servicios, la exportación china pasó de 1,6% en 1994 a
3,4 del total mundial en 2005, y la importación de 1,5% a
3,6% en el mismo periodo. La exportación china está ahora
muy diversificada. Al respecto, Bregolat (2007) nos presenta algunas cifras significativas. Si los productos del sector
primario o las manufacturas de baja tecnología, como ropa
o juguetes, en los años ochenta significaban un 90% de la
exportación total, en 2002 suponían solo un 50%. En 2004,
un tercio de la exportación fueron bienes de elevada tecnología; la exportación de estos productos creció un 45% ese
mismo año, y la RPCH pasó a ser el principal exportador
mundial en industria de la información.

Vinculado a este tema, el grado de apertura implementado por el gobierno chino ha sido el factor de crecimiento más dinámico para el comercio exterior. Así, el
grado de apertura es considerado como el porcentaje que
representan las exportaciones en relación al Producto Bruto Interno, muestra un crecimiento de valores inferiores al
10% en 1980, hasta un 15,7% en 1990, y un 20,8% en el año
2000 (ver cuadro 2).

Cuadro 2. Grado de apertura económica de China (por periodos seleccionados)

Año	Grado de apertura
1980	8,1
1990	15,7
2000	20,8

Fuente: Blanco, F. (2009).

Uno de los cambios más importantes en la economía china fue también la consideración del capital extranjero en la construcción de la "economía socialista de mercado". Así, un importante flujo de inversiones extranjeras directas (IED) se vio atraído por la existencia de mano de obra muy barata, por una legislación medioambiental prácticamente inexistente y el apoyo del gobierno (Blanco, 2009). Ya en la segunda década del siglo XXI, la RPCh no solo es el segundo receptor de IED desde 2010 sino también el tercer emisor desde 2013 (Bolinaga y Slipak, 2015: 35).

El impacto de la reforma económica china en el vínculo con Corea del Sur: de la tensión a la asociación estratégica

Durante la Guerra de Corea (1950-53), China tuvo un rol muy importante. Su sola presencia supuso un giro inesperado ya que al apoyar a las tropas norcoreanas precipitó el retroceso del comando aliado y facilitó un empate técnico que condujo finalmente a la firma del armisticio. Como consecuencia de eso y en el contexto de Guerra Fría, las relaciones bilaterales entre Seúl y Beijing se estancaron.

Fue recién a partir de los años sesenta que Corea del Sur comenzó a desplegar una política exterior cuyo objetivo era mejorar las relaciones con China y la Unión Soviética. Esta tenía como fin último calmar las tensiones con el Norte y facilitar en un futuro una mejor relación. Todo esto giró en base a la corriente denominada *Nordpolitik*,[4] la cual nace como una serie de ambiciosos objetivos, entre los que

---

4   Matles Savada, Andrea and Shaw, William (1990). "Basic Goals and Accomplishments". 19/3/2014, *Country studies*. Sitio web: https://goo.gl/vdJ78W

se distinguía por su importancia la idea de reconciliar los lazos tradicionales del Oeste con las nuevas oportunidades y promesas del Este.

Fue en 1983 que el contacto entre Beijing y Seúl comenzó extraoficialmente con el aterrizaje de un aeroplano civil que había sido secuestrado por seis desertores chinos. El gobierno de Seúl tomó esta oportunidad para poder abrir un canal de comunicación con China, canal que había estado en desuso por 33 años.[5]

Sin embargo, fue recién la mañana del 24 de agosto de 1992 cuando, finalmente, Corea del Sur y China establecieron relaciones diplomáticas.[6] Se puso así fin a cuatro décadas de tensión basado en rivalidad ideológica y política derivadas de la Guerra de Corea y la Guerra Fría.

En esa fecha también se hizo el intercambio formal de embajadores de ambos países y se requirió que Corea del Sur rompiera relaciones diplomáticas con el gobierno de Taiwán. Sin embargo, Beijing aun reconocería a Corea del Norte. Oviedo (2012), explica diferentes teorías que se aplican al caso chino. Entre ellas se encuentra la "doctrina de la guerra civil", llamada también principio de "Una sola China": "Esta afirma que ambos ordenes jurídicos parciales reivindican la representación exclusiva del Estado chino y, para cada una de las partes involucradas en la cuestión, el gobierno adverso, rival, es considerado como un gobierno de hecho, un poder insurgente, local...".[7]

_____

5   Jacqueline Reddit (1983). "Hijacking of jetliner is a windfall for South Korea's relations with China". 20/2/2015, *The Chistian Science Monitor*. Sitio web: https://goo.gl/b3PEzs
6   Nicholas D. Kristof. (1992). "Chinese and South Koreans Formally Establish Relations". 15/3/14, *The New York Times*. Sitio web: https://goo.gl/JGQtiZ
7   El "principio de una sola China" corresponde con esta visión de que una o ambas partes consideran que existe un solo Estado chino y traslada la cuestión al gobierno que lo representa. La aplicación de esta doctrina corresponde a la "política de una sola China" esgrimida por el gobierno de la RPCH desde su formación en 1949 y por la República de China entre 1949 y 1991 (Oviedo, 2012: 4).

El fuerte económico de Corea del Sur viene de la industria del sector tecnológico y automotriz. Hoy en día, Corea del Sur, es el sexto socio mayoritario en lo que respecta al comercio chino.[8] Fue la industria automotriz la que avanzó con fuerza. Hyundai, con su afiliada Kia, se convirtió en la tercera compañía con mayor cantidad de ventas en China desplazando a Nissan y a Toyota, corporaciones japonesas. El sector automotriz pasó a ser uno de los engranajes centrales de la expansión del vínculo comercial sino-coreano.

El gráfico 1 nos muestra el balance comercial entre China y Corea del Sur. Por un lado, Seúl goza de un superávit comercial y hay que destacar que se trata del saldo positivo más importante que recibe Corea del Sur. Más aún, más que duplica el que mantiene con Estados Unidos, que es el segundo en importancia. Pero así como es positivo este factor también puede convertirse en un riesgo porque puede generar una profunda dependencia del "socio chino". Pero hoy por hoy, la realidad sigue siendo que ambos países se necesitan mutuamente.

---

8   DBS Group Research (2013). "China: Sino-South Korean economic relationship", 22/3/2014. Sitio web: https://goo.gl/53qz45

Gráfico 1. Intercambio comercial sino-surcoreano (2000-2012)

Balanza comercial.
USD bn China- Corea del Sur

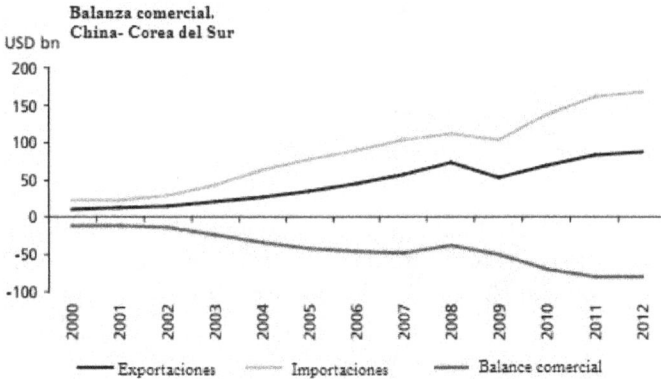

Fuente: Vickers Research Singapore.

Conclusión

A modo de cierre, debemos dar una mirada en retrospectiva sobre los cambios acontecidos a finales del siglo XX y principios del XXI. La gran expansión china no fue un simple cambio sino un proceso radical de cambio, con un impacto tremendo no solo fronteras dentro del país sino en el mapa económico y político mundial.

La relación con Corea ha crecido a un punto en el cual ha ayudado a mejorar la situación en base a las posibles negociaciones con Corea del Norte; sin embargo, esa política de acercamiento económico ha logrado tener un doble efecto. Mientras que, por un lado, las relaciones políticas prosperan y las posibilidades de futuros acuerdos es aún mayor; por otro lado, la necesidad de tener acceso al mercado chino pone a Corea del Sur en una situación delicada y de potencial dependencia. Así, la creciente interdependencia comercial y financiera entre ambos países supone tanto beneficios como amenazas, pero precisamente es el diálogo político la variable clave para avanzar en términos de cooperación.

Bibliografía

Banco Interamericano de Desarrollo (2008). "China se suma al Banco Interamericano de Desarrollo", recuperado el 12/12/14. Disponible en: https://goo.gl/6xc-c3M

Blanco, F. (2009). "Las relaciones comerciales de Argentina con la República Popular China". Centro Argentina de Estudios Internacionales, recuperado el 17/11/15. Disponible en: https://goo.gl/SJCwCU

Bolinaga, L. (2013). *China y el epicentro económico del pacífico norte*. Buenos Aires: Teseo.

Bolinaga, L. y Slipak, A. (2015). "El consenso de Beijing y la reprimarización productiva de América Latina: el caso Argentino". *Revista Problemas del Desarrollo*, 183, octubre/diciembre.

Bouzas, R. (2010). "China y Argentina: las relaciones económicas bilaterales e interacciones globales". Instituto de Investigaciones Jurídicas, Universidad Nacional Autónoma de México, recuperado el 9/8/15. Disponible en: https://goo.gl/fU4Rni

Bregolat, E. (2008). *La segunda revolución China*. Barcelona: Destino.

DBS Group Research (2013). "China: Sino-South Korean economic relationship". Vickers Research Intitute, Singapore. Último ingreso 22/3/14. Disponible en: https://goo.gl/FL4ymZ

Fairbank, J. (1996). *China una nueva historia*. Andrés Bello: Buenos Aires.

Nicholas, D. K. (1992). "Chinese and South Koreans Formally Establish Relations". *The New York Times*, recuperado el 15/3/14. Sitio web: https://goo.gl/JGQtiZ

República Argentina, Ministerio de Relaciones Exteriores y Culto, Centro de Economía Internacional, "China y su inserción en el mundo de las potencias". Publicado en 2010 y recuperado el 14/10/15. Disponible en: https://goo.gl/DhgpcC

Organización Mundial del Comercio (2001). "Concluyen con éxito en la OMC las negociaciones para la adhesión de China", recuperado el 12/15/14 de https://goo.gl/BG1FYm

Oviedo, E. (2005). *China en expansión*. Córdoba: Editorial de la Universidad Católica.

Oviedo, E. (2007). "La experiencia alemana y la unificación coreana: una visión preliminar desde la historia de las relaciones internacionales y el derecho internacional público". Ponencia presentada en el III Congreso Nacional de Estudios Coreanos, Córdoba, Argentina.

Rocha Pino, M. (2006). "China en transformación: la doctrina del desarrollo pacífico". *Revista Foro Internacional*, Vol. XLVI, N° 4, 693-719, El Colegio de México. Disponible en: https://goo.gl/UnkmbK

Slipak, A. (2013). "¿De qué hablamos cuando hablamos de reprimarización? Un aporte al debate sobre la discusión del modelo de desarrollo". Ponencia presentada en la VI Jornada de Economía Crítica, Buenos Aires. Disponible en: https://goo.gl/Dlczc3

Turzi, M. (2011). "¿Qué importancia tiene el BRIC?". *Revista de Estudios Internacionales*, Vol. 43, N° 168, Instituto de Estudios Internacionales, Universidad de Chile, recuperado el 21/11/15. Disponible en: https://goo.gl/LqEpkK

Wilson, D. y Purushothaman, R. (2003). "Dreaming whith BRICs: the Path to 2050". Golman Sachs, *Global Economics Paper*, N° 99, recuperado el 20/10/15. Disponible en: https://goo.gl/Dlczc3

8

Dokdo/Takeshima

Las islas de la eterna lucha

Una joya natural en el mar del Este

Ubicado a 87,4 kilómetros al sureste de la isla Ulleungdo, Dokdo constituye un conjunto de islotes rocosos que fueron formados aproximadamente hace 460 a 250 millones de años por una erupción volcánica oceánica. Las dos islas principales, llamadas Dongdo (isla del este) y Seodo (isla del oeste), están acompañadas por 89 formaciones rocosas más pequeñas. Son también conocidas como las Rocas Liancourt (*Liancourt Rocks*), nombre que gran parte de la comunidad internacional utiliza con el fin de evitar tensiones entre Corea del Sur y Japón. El nombre dado hace referencia a un barco ballenero francés, llamado *Le Liancourt*, que visitó los islotes en 1849 y tomó referencia de ellos.

Dueño de una geotectónica única, al igual que sus características geológicas y su diversidad biológica, Dokdo nace como un monte submarino que sobresale en el mar del Este (llamado "Donghae" por los coreanos) a 131° 52' longitud Este y 37° 14' latitud Norte (Kyungpook National University, 2009).

Las islas poseen una superficie estimada total de 18
km2 y en la actualidad pertenecen a Ulleung-Gun, provincia de Kyongsan Norte. Están aproximadamente a 220
km de la península coreana y marca el extremo este del
territorio coreano, lo que tiene una gran importancia estratégica, ya sea respecto a los derechos de pesca como a la
explotación de potenciales depósitos minerales y naturales, principalmente de gas.

De los dos islotes, el más grande es Seodo, con
una superficie de 88.639 m2, mientras que Dongdo posee
73.297 m2. Ambos están separados por un estrecho de
entre 3 y 10 metros de profundidad. El islote más pequeño,
Dongdo, posee una circunferencia de 2,1 kilómetros y su
punto más elevado alcanza los 98 metros, mientras que
Seodo alcanza en su cima más alta los 168 metros.

Mapa 1. Ubicación de las islas Dokdo respecto a Corea y Japón

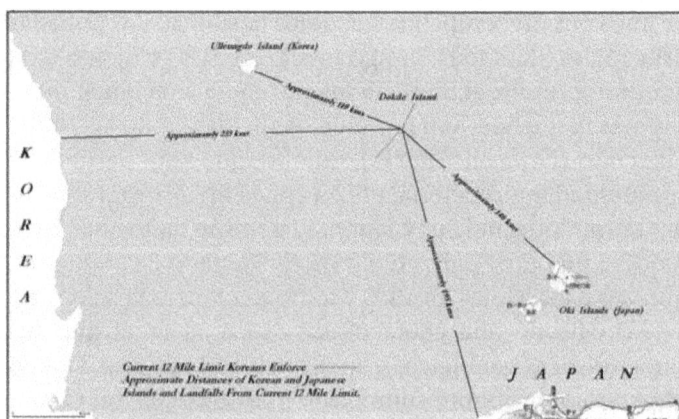

Fuente: Dokdo: Korean Territory since…, 2006.

Estas islas poseen una riqueza única en cuanto a variedad de plantas, aves, invertebrados y microorganismos, como así también una gran diversidad de organismos marinos vertebrados, incluyendo focas, leones marinos y más de cien especies de peces. El valor esencial y fundamental de la biodiversidad reside en que es resultado de un proceso histórico natural de gran antigüedad. Desde nuestra condición humana, la diversidad también representa un capital natural, y es por la poca actividad del ser humano en este territorio que se conserva de manera excepcional. A todo esto se le debe sumar la ubicación geográfica de Dokdo como una isla oceánica distante del continente, lo que sugiere que su biodiversidad difiere de las islas continentales.

Mapa 2. Islotes de Dokdo

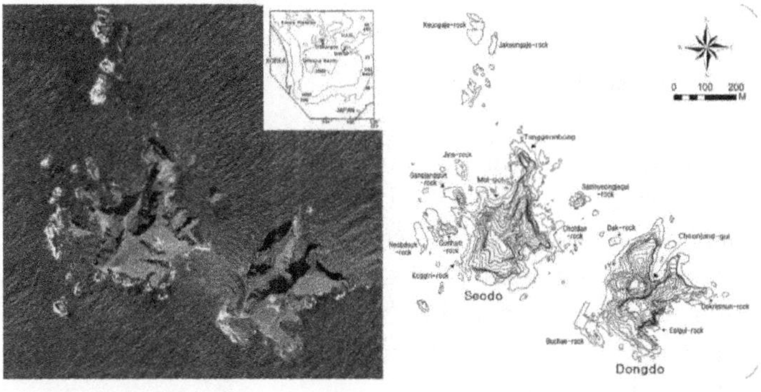

Fuente: "Natural heritage of Korea", p. 49.

Las islas cuentan con reservas de agua propias, aunque muy limitadas, y si bien la vegetación ha sido históricamente escasa debido a los fuertes vientos marinos, se estima que existen unas 61 especies de plantas; a causa del clima, la salinidad y la topografía, es difícil para las plantas echar raíces y sobrevivir. Dado que Dokdo fue creada por actividad volcánica, varios tipos de semillas fueron llevadas a las islas por el viento (38 especies), por el oleaje (1 especie) y también por distintas aves (13 especies). Existen varias hipótesis respecto al origen de esta flora, que podría haber venido de Vladivostok (Rusia) o de islas de Japón, como la isla Oki o la región de Kyushu. De esta manera, con la confluencia de estos tres factores, se establece el paisaje característico del lugar.

El clima es moderado, ya que Dokdo se encuentra cerca del cruce de la corriente cálida de Tsushima y la fría de Corea del Norte.

Esta confluencia de factores geográficos y climáticos, sumados a la particular biota que difiere en gran parte de la continental, hacen de estas islas un paraíso biológico único, con un importante valor no solo económico y estratégico, sino también evolutivo.

¿Dokdo o Takeshima?

A lo largo de los años, a partir del siglo XV y sobre todo desde finales del siglo XVII, la isla de Dokdo fue una activa zona para los pescadores coreanos. En este periodo, las islas fueron llamadas de distintas maneras, entre las más conocidas se destacan: Sambongdo (isla de las tres rocas), Kajido (isla de los leones de mar) y finalmente con su nombre en chino Sokto.

Lo cierto es que el dominio de estos islotes por parte del pueblo coreano se remonta al año 512 (año 13 del reinado del rey Jijeung). Ese año, el general Lee Sa Bu de la Dinastía Shilla conquista Usanguk, nombre otorgado por aquel entonces a la isla Ulleungdo y su región aledaña incluyendo a los islotes de Dokdo.

No son pocos los documentos en los que está evidenciada esta inclusión. En primer lugar, se puede mencionar el *Samkuksaki* (Historia de los Tres Reinos) que fue publicado en el año 1145 por Kim Bu Shik. Posteriormente, en 1454, se difundió el *Sejong Sillok Jiriji* (La Gaceta del Rey Sejong), uno de los primeros documentos editados por el gobierno coreano a principios de la dinastía Joseon, en donde tanto Dokdo (Usan) como Ulleungdo (Mureung) están registradas como dos islas pertenecientes a Corea (puntualmente a la provincia de Gangwon). Este documento registra a ambas islas como parte del territorio de Usanguk, conquistado y regido por el reino de Silla a principios del siglo VI (512).

La isla Dokdo también es mencionada en varios documentos oficiales antiguos, de los cuales los más representativos son los que se observan en las fotos 1, 2 y 3.

Foto 1. Shinjeung Dongguk Yeoyi Seungnam

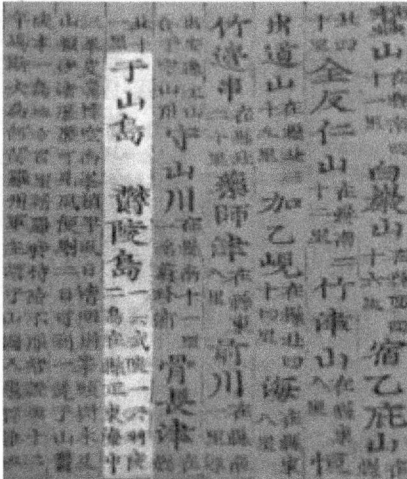

Shinjeung Dongguk Yeoyi Seungnam (edición revisada y aumentada del Informe de la geografía de Corea, 1531). Las islas Usando y Ulleungdo, esta última también denominada Mureung o Ureung, están situadas en medio del mar, en el extremo oriental de Uljinhyeon.

Del mismo modo, se agrega que en el año 1900, Daehan Jeguk (El Gran Imperio de Corea) de la Dinastía Joseon otorgó a Ulleungdo el estatus de un condado independiente e incluyó a Dokdo bajo su jurisdicción. Cabe destacar que a lo largo de los siglos, no solo Corea sino que también Japón reconocieron a través de numerosos documentos y mapas oficiales la soberanía coreana sobre Dokdo.

Foto 2. Dongguk Munheon Bigo

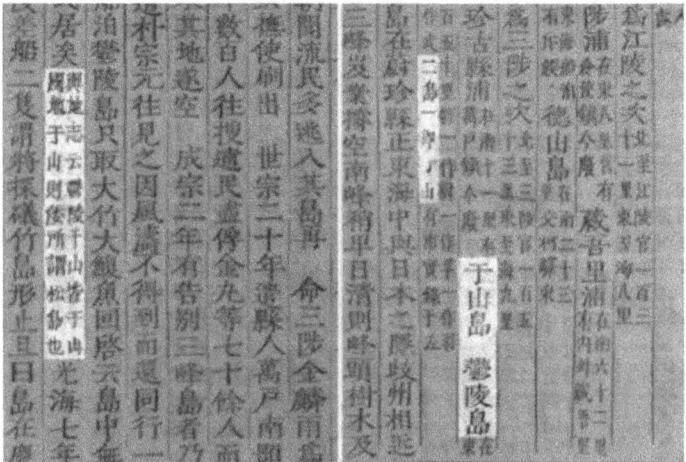

Dongguk Munheon Bigo (Compilación de documentos sobre Corea, 1770). Usando y Ulleungdo: ambas islas constituyen Usan. Según "Yeojiji", tanto Ulleung como Usan forman parte del territorio de Usanguk; Usan es llamada "Songdo" por los japoneses (*Matsushima* en japonés).

Foto 3. Jeungbo Munheon Bigo

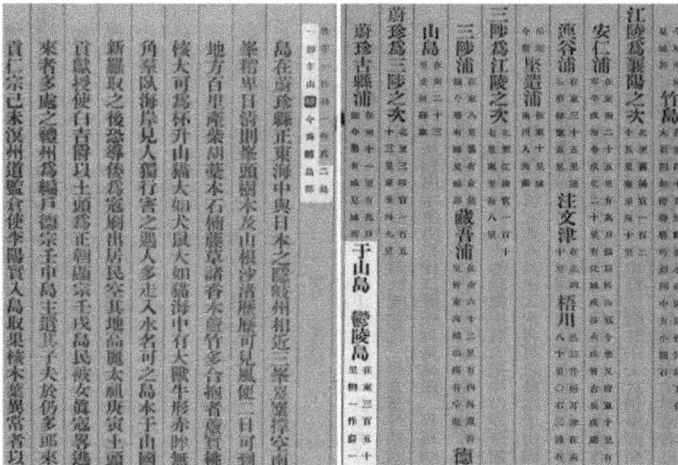

Mangi Yoram (Manual de asuntos estatales para la monarquía, 1808).
"Ulleungdo está en medio del mar, en el extremo este de Uljin…". *Jeungbo Munheon Bigo* (edición revisada y añadida de la compilación de documentos sobre Corea, 1908). "Usando, Ulleungdo", las dos islas son una y se llaman Usan (actual Uldogun).

Por ejemplo, uno de los documentos más antiguos de Japón que menciona a la isla Dokdo es el *Inshu Sicho Gakki* (1667). Fue redactado por Saito Toyonobu, funcionario de la provincia de Izumo, actual región oriental de la Prefectura de Shimane de Japón. Sobre Dokdo, dice lo siguiente:

> … estas dos islas (Ulleungdo y Dokdo) están inhabitadas y desde allí la vista de Goryeo se asemeja a la de Onshu (Okishima) divisada desde Unshu (actual región oriental de la Prefectura de Shimane). Por consiguiente, Okishima es el límite noroeste de Japón (Saito Toyonobu, 1667).

Más adelante, el gobierno japonés de Tokugawa en 1697 reconocía a ambas islas como parte de la Dinastía Joseon a través de un documento en el que aseguraba a Corea que prohibiría que barcos pesqueros japoneses naveguen las aguas circundantes de las islas coreanas. Sin embargo, el 18 de enero de 1905, una vez comenzada la guerra ruso-japonesa, Japón decide incorporar a Dokdo a su territorio alegando que los islotes "carecían de dueño".

Esta notificación fue ejecutada por una autoridad provincial el 22 de febrero de dicho año y tuvo escasa divulgación para no despertar la atención o sospecha del pueblo y gobierno coreano. El objetivo era vigilar los buques de guerra rusos, por lo que Dokdo constituía un punto estratégico. De este modo, Dokdo (llamada Takeshima por los japoneses) se convertía en el primer punto de la usurpación japonesa.

En el año 1945, Corea recuperó la soberanía sobre las islas tras su liberación de la dominación japonesa. Esto está basado en la Declaración de El Cairo, la Declaración de Postdam y el documento de rendición japonesa y el Supremo Comando de las Fuerzas Aliadas (SCAP), los cuales ordenaron que todos los territorios que hayan sido tomados por medio de la violencia después de 1894 sean devueltos a sus propietarios originales. Fue por esto que en enero de 1946, SCAP excluyó a Dokdo como territorio de soberanía japonesa y lo devolvió a Corea, de acuerdo con el derecho internacional (Instrucción de SCAP, SCA-PIN N° 677).

El artículo 3 de dicho documento, limitaba el ejercicio de la soberanía de Japón a "las cuatro principales islas del archipiélago que son Honshu, Kyushu, Hokkaido y Shikoku y a los aproximadamente mil pequeños islotes cercanos", quedando excluidas del territorio japonés "Ulleungdo, las Rocas Liancourt y Jejudo". Asimismo, en junio de ese año, SCAP ordenó a barcos pesqueros no aproximarse dentro de las doce millas circundantes a Dokdo a través de SCA-PIN N° 1033. De este modo, bajo los términos del derecho internacional, adoptar estas medidas afirmó la posesión coreana sobre las islas. Así, los islotes, que hasta entonces habían estado deshabitados, pasaron a ser controlados por Corea, cuyo gobierno respaldó en 1954 la creación de la Guarnición de Voluntarios de Dokdo. Impulsada por una organización civil y formada por treinta y tres hombres, en su mayoría veteranos de la guerra coreana, esta guarnición se trasladó a los islotes, convirtiéndose así en los primeros habitantes oficiales. En diciembre de 1956, Seúl sustituyó a esta guardia de voluntarios por un cuerpo de la Policía Nacional Coreana, asumiendo de esta forma la responsabilidad sobre Dokdo oficialmente.

A todo esto se le suma que en noviembre de 1982 Dokdo fue designado por el gobierno coreano como monumento nacional N° 336.

Aun conociendo todo esto, el gobierno japonés considera que Dokdo fue parte de su territorio desde hace un siglo y que la creación del día de Takeshima fue solo una cuestión de formalidad. Esto no hace más que instalar la controversia sobre Dokdo como un conflicto territorial en el seno de la comunidad internacional. Es probable que estos reclamos sean una estrategia de manejo diplomático que en la posteridad, siendo reiterados en el tiempo, servirán como evidencia de registros en la comunidad internacional.

El reclamo de Japón sobre Dokdo sumado a la creación del día de Takeshima, desencadenaron reacciones violentas entre la población coreana, donde varios manifestantes se reunieron frente a la embajada del país nipón para quemar banderas japonesas.

¿Cuáles son los intereses de tipo económico de Japón sobre Dokdo? En primer lugar, en relación con la entrada en vigencia de la Convención de las Naciones Unidas sobre el Derecho del Mar, donde se declara las 200 millas de Zona Económica Exclusiva (ZEE), Japón, planteando su reclamo sobre Dokdo, estaría buscando que los islotes pasen a formar parte de la ZEE japonesa de manera perpetua (Gomà, 2009). Esta zona, como se dijo anteriormente, es una muy rica zona de pesca, así como una zona con grandes depósitos minerales; por lo que la posibilidad de controlar los recursos marítimos de las islas tiene una importancia vital.

Para Corea, Dokdo no solo tiene valor estratégico, sino que representa un símbolo de independencia de los tiempos de la ocupación japonesa, la soberanía y el orgullo nacional para este país. Si bien Corea y Japón son países geográficamente cercanos, el pueblo coreano concibe a Japón como lejano tanto histórica como emocionalmente. Esto se evidencia aún más en las generaciones mayores, a quienes les cuesta olvidarse de las décadas de la opresión japonesa. Teniendo en cuenta que consideran que Dokdo fue el primer punto afectado por la agresión colonial y la primera víctima de la invasión japonesa, entre los coreanos existe la opinión generalizada de que la soberanía de Dokdo ni siquiera merece ser discutida con Japón y las circunstancias actuales no han hecho más que contribuir al resurgimiento y profundización del sentimiento antijaponés.

Tras haberse conocido en Seúl la creación del Día de Takeshima, el gobierno coreano elevó una protesta a través de su Embajador en Tokio, donde demandaba la anulación inmediata del decreto que creaba dicho día.

Además, en una carta abierta a la nación publicada en la página web de la Casa Azul, el presidente Roh Moohyun instó a Japón a corregir sus errores y afirmó estar aún dispuesto a enfrentar una guerra diplomática. También demandó al gobierno japonés a que exprese sinceras disculpas y otorgue compensación correspondiente a las víctimas coreanas (Choe, 2005).

En señal de protesta, el gobierno coreano levantó parcialmente la prohibición a las visitas por parte de civiles a las islas. Se creó en la Asamblea un Comité Especial sobre Dokdo, al que se le designó la tarea de llevar adelante la defensa de la soberanía sobre los islotes, y luchar contra la publicación de los libros de textos escolares japoneses que minimizan la agresión militar japonesa como también la ocupación de Corea durante las primeras décadas del siglo XX, engrandeciendo su pasado imperialista y reivindicando su reclamo sobre Dokdo.

Si nos preguntamos cuál fue la postura que adoptó Corea del Norte con respecto a Dokdo, se puede decir que se solidarizó con su país vecino Corea del Sur, tal como expresa Gyoung-Joo Choe en su trabajo:

> El embajador norcoreano ante las Naciones Unidas, Park Kilyon, escribió al Secretario General de dicho organismo Kofi Annan el 7 de marzo condenando los reclamos japoneses sobre Dokdo y solicitó que la carta sea circulada como un documento oficial del Consejo de Seguridad [Kang; 2005]. No solo eso, sino que el gobierno norcoreano demandó que Japón sea excluido del diálogo sixpartito concerniente a los programas nucleares norcoreanos... (Choe, 2005).

De esta manera queda evidenciado el apoyo por parte de un país que mantiene algunas relaciones de tensión con Corea del Sur. En todo caso, ni Corea ni Japón están dispuestos a ceder en su reclamación, lo que hace bastante difícil que lleguen a un acuerdo. Pero pese a su enfrentamiento, los gobiernos de ambos países concuerdan en darle a Dokdo la categoría de archipiélago. Si bien es algo cuestionable esta categoría, es de extrema importancia su aceptación oficial para las dos partes, dado que un archipiélago es considerado por la ley marítima internacional como una formación geográfica de grandes dimensiones y, por lo tanto, no se puede considerar como una tierra de nadie.

Conclusión

Actualmente resulta casi imposible conseguir una solución inmediata para estos conflictos, por lo que es factible que autoridades japonesas crean que reiterar su reclamo de modo sostenido en el tiempo daría lugar al reconocimiento por parte de la comunidad internacional como un territorio en disputa, lo cual podría permitirles reservarse la posibilidad de llevar la controversia a ser dirimida en la Corte Internacional de Justicia, si bien esto no fuera en un futuro inmediato. Para los japoneses, Takeshima es una zona que ha sido ocupada por Corea.

Este conflicto no es algo nuevo en esta región de Asia, donde varios países se disputan la tenencia de varias islas y rocas, algunas de muy pequeño tamaño, pero de una importancia estratégica fundamental, en la que también interviene el interés económico, con miras de explotar sus recursos y el comercio derivado de ello.

De lo que no quedan dudas es de que, actualmente, Dokdo se encuentra en posesión de la República de Corea y ya no es un archipiélago solitario, sino que tiene residentes todo el año. Tanto desde el plano legislativo, administrativo como judicial, ejerce plena soberanía territorial sobre ella.

Bibliografía

Choe, Gyoung-Joo (2005). "La controversia sobre Dokdo y perspectivas de las relaciones entre Corea del Sur y Japón", en Oviedo, E. (2005), *Corea, una mirada desde Argentina*. Rosario: Editorial de la Universidad Nacional de Rosario.

Gomà, D. (2009). "¿A quién pertenece Tokdo? Los islotes de la discordia y la disputa entre Corea del Sur y Japón". *Scripta Nova*, XIII, 303. Disponible en: https://goo.gl/jp5s89

Kyungpook National University Ulleungdo, Dokdo Research Institute. "Natural heritage of Korea, Dokdo". Republic of Korea: Cultural Heritage Administration of Korea, 4 de noviembre de 2009.

Northeast Asian History Foundation (2007). "The History of Dokdo". Korea: Yujin Creative.

Northeast Asian History Foundation (2008). "The truth of Dokdo". Korea: Ministry of Foreign Affairs of Japan.

República de Corea (2014). Ministerio de Relaciones Exteriores y Comercio, "Dokdo, una bella isla de Corea".

Valencia, M. J. (2000). "Domestic Politics Fuels Northeast Asian Maritime Disputes". *Asia Pacific Issues*, 43, 1.

Yeh, Youngjune (2013). "The Chronicle of Dokdo". Seoul: Chagbat.

El rol de la mujer en Corea

Cambios y continuidades

Desirée Nair Chaure

Introducción

El presente trabajo brinda un breve análisis del desarrollo y conformación del rol de la mujer en Corea, en el marco del proceso de constante transformación de la estructura social expresada a través de diferentes discursos y prácticas. Para ello tendremos en consideración la definición de género brindada por Mera, quien lo conceptualiza como el conjunto de diferentes experiencias, necesidades, oportunidades, limitaciones, derechos y obligaciones a las que se enfrentan hombres y mujeres debido a los roles que le son socialmente asignados, y que se asumen como naturales (Mera, 2009: 65).

La identidad de género se configura en relación a la noción del otro y la diferencia que existe con aquel. Por lo tanto, para comprender la construcción de "lo femenino" en cada modelo social hemos de identificar qué elementos culturales se han sostenido y cuáles se han modificado con el paso del tiempo. Buscaremos dar respuesta a interrogantes tales como: ¿cuáles son las problemáticas de género originadas por la situación de la mujer?; ¿en qué ámbitos sociales predominó la participación de la mujer? y ¿de qué manera se delineó la resistencia a la dominación patriarcal? A los fines de brindar un mayor ordenamiento se organiza el trabajo en cinco periodos históricos, en los cuales tuvieron lugar los cambios estructurales más significativos.

Los Tres Reinos

En los inicios de la conformación política de la península coreana, el territorio se encontraba dividido en tres reinos, *Koguryo, Silla y Paekche*, los dos primeros fundados en el año 37 a. C. y el último en el año 18 a. C.

En el reino de Silla la mujer poseía un papel de importancia y detentaba los mismos derechos que los hombres. Siendo el eje de la vida social, tenía derecho de herencia y linaje familiar, mientras que en la realeza la línea sucesoria podía ser tanto masculina como femenina. Los matrimonios se basaban en la libertad de elección y el hombre al casarse debía mudarse a la casa de su esposa, donde la autoridad familiar era detentada por los padres de la mujer, por lo cual el niño seguía la filiación de la madre. En caso de que el hombre partiese a la guerra, la mujer asumía completo control del hogar como jefe de familia. En los estratos sociales más bajos la responsabilidad sobre el cuidado del hogar era compartido (Iadevito, 2005: 5).

Se han registrado en el *Samguk Sagi* y el *Samguk Yusa*[1] tres monarcas mujeres dentro de la cronología de reyes, la reina *Sondok* quien condujo una administración benevolente y justa, logrando sofocar la rebelión de *Pidan* que

---

[1] *Samguk Sagi*: registro histórico de los Tres Reinos. *Samguk Yusa:* colección de leyendas, cuentos y relatos históricos de los Tres Reinos.

pretendía tomar el poder; su sucesora, la reina *Chindok*, que combatió contra *Paekche* aliándose a China y centralizando el poder, y por último la reina *Chinsong*.

La religión predominante en todos los reinos fue el chamanismo, conformado por una serie de creencias vinculadas a la naturaleza y los espíritus, cuya influencia coincidió con la forma arcaica de organización matriarcal. Los chamanes han sido y son en la actualidad mayoritariamente mujeres, a pesar de que los hombres también pueden serlo. Al contar con una mayoría femenina en una proporción de 3 a 7, se la considera una religión centrada en las mujeres y vinculada a los sectores marginados socialmente. Este hecho también se sostiene en la creencia de que las mujeres poseen más *ying*, que se vincula a características más pasivas, receptivas y cooperativas, lo que les proporcionaría una mayor habilidad para recibir a los espíritus. Incluso los personajes de las canciones entonadas en los ritos son en su mayoría mujeres, como el caso de la princesa *Baridegi*[2].

La chamana representaba distintas funciones, era sacerdotisa al presidir rituales y comunicarse con los espíritus para solicitar ayuda, como la llegada de lluvias; ejercía como curandera y asumía la función de educadora al trasmitir la cultura vinculada a la tradición del chamanismo. Desde los comienzos de Silla hasta principios del siglo I, gran parte de los ritos a los ancestros eran llevados a cabo por mujeres chamanas y se les permitía el ingreso al palacio, a raíz de lo cual detentaban un significante poder político y social (García Daris, 2017: 15).

---

[2] Reina de las divinidades y espíritus, fundadora del linaje *mudang*, protege las almas de los muertos durante el viaje a la morada final.

En el siglo IV ingresa el budismo[3] a Corea, introduciendo nuevas tradiciones y prácticas que fueron incorporadas por la realeza, de manera que se vieron limitadas las actividades chamánicas. Muchas mujeres nobles participaron activamente como devotas budistas, brindando ayuda comunitaria o buscando refugio en los monasterios ante una problemática personal. El chamanismo quedó entonces relegado a las clases populares, quienes recurrían a las chamanas en caso de enfermedad, conflictos o desastres naturales.

En este periodo la sociedad dio un giro paulatino del sistema matriarcal hacia el patriarcal. Ante la necesidad de mejorar la alimentación y la vestimenta, se impulsó el abandono, por parte del hombre, de las tareas de caza, para dedicarse al cultivo y la cría de animales, lo cual intensificó la diferenciación de género y fomentó un cambio en la visión de la mujer.

La autoridad femenina se limitó a los asuntos domésticos. Se comenzaron a pactar los matrimonios entre familias y la trasmisión de los derechos, honores y bienes del padre a sus hijos varones, aboliéndose así los de la madre, y con el fin de garantizar la continuidad de la línea familiar paterna. Los hombres eran responsables por la manutención de sus padres ancianos, la preservación de la tradición y el honor familiar, por lo cual eran los únicos encargados de los ritos de veneración a los antepasados.

---

[3] En un principio, las monjas budistas contaban con la posibilidad de casarse libremente y elegir el trabajo de su preferencia. Poseían los mismos derechos de opinión que los monjes y se rechazaba la idea de que nacer mujer fuese un karma negativo. Esta lealtad y respeto perduró hasta el siglo II a. C. cuando surgió la discriminación por género, se incrementaron las reglas monásticas para las mujeres, y surgieron textos misóginos.

Dinastía Choson

La dinastía Choson abarcó un extenso periodo histórico, desde 1392 hasta 1910, finalizando con la llegada del dominio japonés. Se caracterizó por la adopción del neoconfucianismo como ideología de base en la sociedad, que tuvo un papel determinante en los patrones de conducta familiar, los cuales acentuaron la jerarquización y redujeron considerablemente la participación de la mujer bajo un rígido sistema paternalista.

En el sistema confuciano las relaciones interpersonales se estructuran en base a las obligaciones y deberes del individuo hacia el grupo, afirmando que los valores y comportamientos adecuados aseguran la estabilidad y armonía social. Su código ético se rige por cinco principios de obediencia: rey-súbdito, padre-hijo, esposo-esposa, hermano mayor-hermano menor, y relaciones entre amigos. Las mujeres se encuadraban en esta concepción a partir del *Sam chong chi do* o conducta de la triple obediencia, en la infancia debía obedecer a su padre, luego de casada a su marido y al enviudar a su hijo.

La mujer se encontraba en condición de inferioridad y subordinada al hombre, y su rol se enfocaba en la sexualidad y la reproducción. Se fomentaba como virtud máxima ser una madre dedicada y una esposa fiel. Sin importar la clase social a la que perteneciera, su obligación primordial era concebir un hijo varón para obtener rango de "madre", sosteniendo la creencia de que un hijo varón valía más que cien hijas. La piedad filial era el primer deber confuciano y, por ende, uno de los pocos derechos a los que la mujer podía acceder era el respeto de sus hijos a su autoridad. De este modo, la extrema sumisión se intentaba atenuar con la idealización de la maternidad.

Las mujeres nobles debían mantener una actitud austera, carente de educación y confinada a la vida del hogar sin intervención en los asuntos públicos. Tal era la estricta conducta de las mujeres de la corte que rechazaban la atención de médicos hombres. Ante ello, se propuso como solución la educación de jóvenes de clase baja para prestar servicios pagos como curanderas supervisadas por chamanas, pero debiendo consultar siempre a un hombre para determinar el diagnóstico y el tratamiento.

En cuanto al matrimonio, se caracterizaba por su universalidad, la diferencia entre casados y solteros se distinguía incluso en la ropa y el peinado, y era costumbre que se celebrara a edad temprana. Se permitía la poligamia solo para los hombres, dada en función de la legalidad de una segunda esposa, concubinas o favoritas. A la vez, las mujeres debían seguir el *Pul Kyong yi bu*, es decir que no podían tener dos maridos, las viudas no podían volver a casarse ya que debían completa obediencia a su esposo, incluso después de su muerte. Los hombres eran los únicos habilitados para solicitar un divorcio, mediante el cual la mujer perdía su posición social y se la alejaba de sus hijos. Las causales de divorcio podían ser la desobediencia a los suegros, la infertilidad, el adulterio, ser celosa, estar enferma, ser chismosa o robar. Los crímenes cometidos por las esposas contra sus maridos se juzgaban en igual condición que los de los esclavos contra sus amos.

El neoconfucianismo le brindaba valor a la razón, condenando las prácticas supersticiosas y buscando su disolución, por lo cual rechazaba firmemente el chamanismo. A pesar de ello la erradicación de estas creencias en el seno de la sociedad fue imposible. La religión chamánica continuaba siendo ejercida por las mujeres, quienes encontraban en su tradición una vía de escape a la opresión del sistema patriarcal. De acuerdo con Hahm In

Hee (2011), algunos teóricos consideran al fenómeno de la posesión chamánica como una compensación del sentimiento de desplazamiento y falta de importancia social hacia el género femenino; desplazadas de la sociedad confuciana masculina y débil en el aspecto religioso, las mujeres se enfocaron en el chamanismo y el budismo. El gobierno decidió entonces que las chamanas contribuyeran al erario público, situación que les daba cierto reconocimiento y poder, otorgándoles la oportunidad de disponer de un ingreso económico.

Dentro de la estructura confuciana de inalterable separación de los sexos, existía una clase social conformada por mujeres, que perduró durante siglos y era opuesta a los preceptos morales dominantes. Las *kisaeng* eran educadas en varias disciplinas artísticas como literatura, danza o pintura, y se dividían en distintas jerarquías de acuerdo a sus funciones. En el primer estrato se encontraban las más talentosas en danza y canto, que entretenían a los señores feudales y podían recibir visitas en sus aposentos privados; luego, aquellas que eran artistas pero ejercían la prostitución y, por último, las prostitutas a las que se les prohibía representar las artes de las primeras. Todas ellas podían pasear por los lugares públicos, asistir a eventos, vestirse según sus gustos y no cubrirse el rostro; es decir, que poseían mayores privilegios que el resto de las mujeres. Sin embargo, eran relegadas de la sociedad, al ser destinadas a vivir en las afueras de las ciudades. Muchas de ellas fueron importantes artistas, como *Yi Mae chang* y *Uhwudong,* destacada en la redacción de poesía y la interpretación del *geomungo*[4], o *Hwang Jin Yi*, la más reconocida poetisa *kisaeng,* quien escribió hermosos *sijos*[5] que aún hoy son populares.

---

[4] Instrumento musical de cuerdas de Corea.
[5] Género poético tradicional, compuesto por tres versos.

El rol asignado a la mujer por el confucianismo comenzó a presentar quiebres a finales de siglo XIX. Por ejemplo, el movimiento *Tonghak* –que llevó a cabo una rebelión campesina– contaba entre sus reformas proclamadas la legalidad del casamiento de mujeres viudas y la no exclusión social de los hijos de las segundas esposas o concubinas. Sus lineamientos buscaban la inclusión de todas las personas, respeto y trato igualitario aún entre los esposos.

Así también el *Tongnip Shinmun*, uno de los primeros medios de difusión masiva perteneciente a la organización "Club de la Independencia", centró su atención en la situación de la mujer, sosteniendo que era necesario para el desarrollo nacional la educación y la participación femenina. En 1898, publicó un documento considerado como la primera declaración de los derechos de la mujer, redactada por la organización *Ch'anyanhoe,* conformada por un grupo de mujeres de clase alta y cuyo objetivo era establecer de una escuela secular para niñas.

Otro de los movimientos en pos del desarrollo de la mujer fue el *Yo u hoe*, Asociación de Amigas Mujeres, de 1906. Entre sus actividades se destacó la solicitud al gobierno de la abolición del concubinato y la realización de debates sobre temas controversiales relativos a la posición social femenina.

A fines de la dinastía Choson, la monarquía decidió fomentar el desarrollo de la educación al estilo occidental, llegando a fundarse en 1886 la primera escuela para mujeres, *Ewha*, establecida por la misionera religiosa Mary F. Scranton. Muchas de sus alumnas provenían de clases sociales bajas, ya que la institución les brindaba alojamiento y enseñanza gratuita. Varias escuelas más se fundaron en el seno religioso, debido a que el catolicismo rechazaba el maltrato y abandono al que eran sometidas las mujeres, y se oponía a la poligamia. Muchas de las egresadas de estas escuelas, lideraron los primeros movimientos feministas e independentistas durante el periodo colonial posterior.

Colonialismo japonés

La dominación japonesa sobre Corea se inició formalmente en 1910 y finalizó con la derrota de Japón en la Segunda Guerra Mundial, tras dos bombas atómicas. En este periodo se puso fin al confucianismo como política de Estado y se promulgó el Código Civil Choson, que tomó de base el código japonés. El mismo establecía el divorcio por mutuo consentimiento, pero con la previa autorización paterna, dado que la mujer perdía su estatus social y su patrimonio. Asimismo, se permitió la instrucción para hombres y mujeres. La educación fue esencial para mejorar el estatus de la mujer, ya que posibilitó el cambio de las costumbres enraizadas y permitió dar los primeros pasos con el fin de socializar la igualdad.

Junto con la inserción del modelo económico liberal en Corea, también ingresó el pensamiento occidental, que comenzaba a mostrar tintes de igualdad social y feminismo. Surgió así el movimiento *Sinyoosoong* o nueva mujer, compuesto por mujeres de clase alta, educadas en las escuelas misioneras. Promovían la oposición al sistema tradicional de valores familiares, al matrimonio arreglado y a la moralidad sexual, intentando vivir de acuerdo a su propia determinación. Algunas de las autoras más reconocidas de este grupo fueron *Kim Won ju, Kim Myong sun* y *Na Hye sok*, entre otras. Por igual emergieron organizaciones de mujeres en el marco político, motivadas por el sentimiento de patriotismo y nacionalismo, más que por la obtención de equidad.

En contraste con estos avances, una de las consecuencias más atroces del colonialismo fue la institucionalización de las denominadas "mujeres de confort", que afectó a Corea y a otras naciones del este asiático. Más de 200.000 mujeres fueron separadas de sus hogares, llevadas engañadas o por medio de la violencia, para ser sometidas al estado de esclavitud sexual en centros concurridos por las fuerzas militares japonesas. Habiendo sido tratadas como un recurso material del ejército, tras la finalización de la guerra, la mayoría de ellas no pudieron reinsertarse en la sociedad, llegando a atentar contra su propia vida o recluyéndose en sus hogares.

A partir de la década de los años setenta los movimientos feministas y de derechos humanos comenzaron a tratar el tema. En los ochenta se focalizaron en la lucha anti prostitución y anti turismo sexual, proveniente principalmente de Japón. Para, finalmente, fundar en los noventa el Consejo Coreano para las Mujeres Forzadas a la Esclavitud Sexual Militar, conformado por más de 36 organizaciones feministas, que en 1993 lograron implementar el otorgamiento de una pensión para las víctimas.

La continuidad de esta problemática se manifiesta actualmente en las relaciones diplomáticas entre Corea del Sur y Japón, debido a la falta de reconocimiento oficial por parte de Japón de los delitos de violación a los derechos humanos cometidos durante el colonialismo.

Independencia y autoritarismo

Con el inicio del proceso de industrialización de los años sesenta llevado a cabo por Park Chung hee, los valores y las pautas de convivencia empezaron a mostrar modificaciones, al igual que el núcleo básico de la sociedad centrado en la familia y el papel de la mujer, dando lugar a un creciente cambio entre generaciones dentro de un corto periodo histórico.

Las políticas gubernamentales comenzaron a orientarse hacia el nuevo esquema económico y social, adaptándose a las exigencias del proceso y alejándose de los estrictos preceptos confucianos. Uno de los logros más relevantes del periodo fue el sufragio femenino y el derecho a ocupar cargos políticos, incorporados a la Constitución de 1948. A su vez, en 1960 el Parlamento aprobó el primer código que afirmaba la igualdad de géneros. Sin embargo, la Ley de Familia de 1958, normativa que regulaba la transmisión de propiedad y parentesco, mantenía la institución de "amo de familia" donde el hombre poseía derechos legales para la inscripción en el registro familiar, el cual otorgaba identidad social. Estos derechos se trasmitían por progenitura masculina.

Las esferas de participación femenina se incrementaron, teniendo mayor relevancia en el sistema educativo, aunque prevaleció la discriminación al avanzar en los distintos grados de estudio. En el espacio político, se demandó mayor representación y distribución de fondos públicos para políticas de género. Y en el mercado laboral gran cantidad de mujeres se emplearon en industrias textiles y en el sector de servicios, ya que se lo vinculaba a las tareas domésticas, aunque estos empleos se caracterizaban por bajos salarios, falta de seguridad social y pocas oportunidades de especialización.

Se crearon diversos grupos de mujeres, que más tarde serían partícipes de los movimientos democráticos por medio de protestas políticas a nivel local y organizaciones de base, tales como la Liga Coreana de Mujeres Votantes de 1969, que impulsaba la participación y educación femenina, y la Unión de Mujeres para la Reforma de la Ley Familiar de 1973.

En 1979, Corea del Sur firma la Convención para la eliminación de toda forma de discriminación contra la mujer en las Naciones Unidas. Esto impulsó la creación en 1983 de la Sociedad de Amigos por la Igualdad de las Mujeres y el Teléfono de Emergencia de las Mujeres, para enfrentar el urgente problema de violencia de género.

Democracia

Con el inicio del proceso de restauración de los derechos civiles y la reforma de la legislación electoral, tuvieron lugar las primeras elecciones libres en 1987. Este nuevo escenario permitió la conformación de agrupaciones sociales, las cuales le dieron prioridad a temas relativos a la democracia y el nacionalismo, enfatizando la autonomía y la independencia. Propugnando derechos de igualdad laboral, educacional, sexual y de organización, incluyendo algunos específicos de género, como el aborto, la anticoncepción, la autodefensa y la agrupación sindical.

En consecuencia, se propagaron los movimientos feministas, que abogaban por el reconocimiento de los derechos económicos, políticos y sociales, enfrentándose a la resistencia conservadora contra el activismo legal. Realizaban reuniones de discusión, con expertos y políticos, y conferencias para concientizar a la opinión pública. Pueden mencionarse entre estas organizaciones la Unión de

Asociaciones de Mujeres de Corea, la Asociación de Mujeres para la Igualdad y la Paz, la Asociación de Mujeres para la Democracia y la Hermandad, la Asociación de Mujeres Trabajadoras Unidas y la Asociación Unida de Mujeres Coreanas de 1987 que bregaba por la igualdad y la lucha contra la opresión de la mujer, delineándose bajo la ideología y los objetivos del movimiento *Minjung*[6].

En los últimos años se han creado nuevas asociaciones feministas que se dedican a la defensa de los derechos de las minorías sociales como trabajadoras extranjeras, lesbianas, trabajadoras sexuales y discapacitadas. Entre ellas se encuentran el Centro de Derechos Humanos de las Mujeres Inmigrantes, Mujeres Solidarias por la Similitud a través de la Diferencia, Solidaridad con la Liberación de las Mujeres y el Colectivo Cultural para las Minorías Sexuales.

Las demandas por la mejora de la condición femenina se reforzaron por el incremento de su participación en el sector laboral, marcado por la discriminación de género, que permitió generar conciencia sobre los problemas existentes. Avanzó la participación de las organizaciones feministas en la formación de una agenda política y la influencia de sus reclamos se vio reflejada en la legislación. En 1993 se aprobó la ley de prevención de la violencia doméstica; en 1995, la ley básica de desarrollo de la mujer; en 2001, la ley de Maternidad que otorgó licencia por maternidad con goce de haberes y, en 2004, las leyes de Prevención de la Prostitución y de Castigo a los Causantes de la Prostitución y Hechos Asociados (Kazur *et al.*, 2006).

---

6 *Minjung* (pueblo) era un movimiento de los años ochenta que buscaba la eliminación del autoritarismo y las contradicciones del capitalismo, abogando por el cambio hacia un nuevo orden social centrado en la desestructuración de las clases.

En 1988 se conformaron el Instituto Coreano de Desarrollo de la Mujer y el Comité Nacional de Políticas de la Mujer. Más tarde, se estableció el Comité Especial de la Mujer para facilitar la promulgación de leyes relacionadas con el género, a partir de la cual se crearon unidades administrativas en cada localidad. Ya durante el gobierno de Kim Dae jun se creó el Ministerio de Igualdad de Género, que conllevó el reemplazo del registro familiar patriarcal por la Ley Civil de 2005. La nueva ley mejoraba las condiciones de la mujer en cuanto a la herencia y bienes conyugales, disminuyendo la autoridad paterna, otorgándole la custodia de sus hijos, y brindándole acceso a la pensión nacional, seguro médico, ayuda a los veteranos, exención de impuesto, y protección a la maternidad y vivienda. Asimismo, durante el Plan Quinquenal (1998-2003) se tomaron como objetivos las reformas legales de apoyo al empleo, multiplicación de oportunidades educacionales y fomento de las actividades sociales de la mujer, junto con la participación en acciones relativas a la cooperación y unificación de la península coreana.

En la actualidad, ha comenzado a manifestarse un cambio en la dialéctica social de género con el debilitamiento de las tradiciones y la modificación del concepto de familia, debido a la conciencia fomentada desde organizaciones feministas y el gobierno, y la aceptación de conceptos occidentales. No obstante, han surgido nuevas problemáticas provocadas por la estigmatización del género femenino. Se desarrollan formas de discriminación sutil o encubierta, ya que las mujeres experimentan desventajas sistemáticas a nivel político, económico y cultural tales como violencia doméstica, aborto selectivo, acoso sexual, comercialización de la sexualidad y feminización de la pobreza.

En el ámbito familiar los padres continúan rigiendo las decisiones individuales, opinan respecto al estatus socioeconómico, educativo y religioso de la pareja y de sus suegros. Este elemento se suma a la presión social para casarse y el ideal de mujer "madre no trabajadora", donde la mujer profesional debe limitarse a los quehaceres domésticos y subordinarse a un esposo dedicado exclusivamente al trabajo. Ello termina provocando desinterés y rechazo hacia el matrimonio, ya que las expectativas no se condicen con la vida conyugal.

La creencia de que el hijo varón garantiza la imposibilidad del divorcio y la aceptación por parte de la familia política de la mujer aún se sostiene y se manifiesta en el incremento de la tasa de abortos de niñas a pesar de que su práctica sea ilegal.

Las mujeres enfrentan así dos problemáticas. En principio, no cuentan con apoyo social para los cuidados familiares que se les asignan después de casarse y, además, las malas condiciones laborales las obligan a confinarse al matrimonio antes que a un empleo inseguro. Ello da como resultado altos índices de divorcios, bajos matrimonios y caída en la tasa de natalidad, que se ha convertido en un problema demográfico en los últimos años.

En cuanto al empleo, está presente la segregación por género, donde el trabajo ejercido por una mujer percibe un valor social más bajo. Los hombres poseen salarios más elevados y conforman el 98% de los puestos jerárquicos; y en caso de crisis, las mujeres son las primeras en ser despedidas[7] (Kong, 1997: 6). La mujer experimenta una carencia de oportunidades en el mercado de trabajo, la proporción de asalariadas es limitada y con sueldos

---

[7] Por ejemplo, este fenómeno tuvo lugar en la crisis de 1997.

bajos, al tiempo que la cantidad de empleadas familiares no remuneradas es alta en comparación con otras sociedades industrializadas.

Las mujeres pueden educarse y desempeñarse profesionalmente, pero cuando se casan y tienen hijos deben prescindir de su trabajo y dedicarse exclusivamente al cuidado de los niños y el hogar, para reinsertarse tardíamente en el sistema laboral cuando sus hijos crecen[8]. La mayoría de las mujeres casadas son las principales o únicas responsables del trabajo doméstico, incluyendo el cuidado de ancianos y enfermos.

Esta situación se traduce en la consolidación de la inseguridad del empleo femenino, donde los hogares pobres con jefas de familia son más propensos a mantenerse en la pobreza.

En los medios de comunicación se presenta a las mujeres como emocionales, jóvenes, bellas, amas de casa o secretarias; a diferencia de los hombres que se muestran con intereses nacionales, empresarios, doctores, abogados o militares. Los libros escolares presentan a los niños en escenarios de resolución de problemas y aceptando retos, mientras que las niñas se muestran sumisas en el hogar. Estas características facilitan la tendencia social a tratar con mayor relevancia al hombre, despersonalizando a la mujer.

Una de las soluciones propuesta por el gobierno para enfrentar la problemática fue la Ley de Igualdad en el Empleo, que estipula un mecanismo igualitario en todas las etapas de empleo: igual salario por igual trabajo, reconocimiento de la baja laboral para el cuidado de los hijos, prohíbe la discriminación por razones de matrimonio,

---

[8] La participación de la mujer en el porcentaje de empleo delinea una curva en forma de "M", donde se observa mayor participación a los 20 años, decayendo a finales de los 20 y durante los 30, para volver a incrementarse a los 40 años.

embarazo y nacimiento, y brinda apoyo parcial para guarderías en el lugar de trabajo. Plantea la prevención del acoso sexual laboral y la exigencia a las grandes empresas de informar sobre la composición de género de su personal[9]. No obstante, la violación a las normas de igualdad laboral es habitual ya que no se encuentra reglamentada y por ende su incumplimiento no conlleva ninguna sanción.

El empleo público también se encuentra afectado por la desigualdad de género, lo que motivó un modelo de promoción que ha logrado el crecimiento en los comités de gobierno central, pero con un alto porcentaje de puestos creados para tareas específicas, que no se consideran empleos estatales permanentes. Junto con los movimientos feministas se impulsó una "red de política de mujeres" para la instauración de una cuota femenina en el Asamblea Nacional y el apoyo activo a las candidatas electorales[10].

Conclusión

Puede decirse que en la historia coreana los modelos de organización social y las pautas de comportamiento, al igual que la identidad de la mujer, se constituyeron en relación a tres doctrinas filosófico-ideológicas: el chamanismo, el budismo y el confucianismo.

La estructura patriarcal se configuró principalmente durante la dinastía Choson al incorporar el confucianismo al sistema social, cuyos rasgos culturales sedimentados aún se mantienen. La dicotomía entre lo público y lo

---

[9]   Si posee menos del 80% del porcentaje medio de las mujeres trabajadoras de la rama de actividad a la que pertenece, debe presentar medidas de discriminación pasiva para revertir la situación (Kazur *et al.*, 2006: 53).

[10] Pese a las características del sistema, hubo un avance importante en el hecho de que en 2013 resultó electa una mujer como Presidenta de la Nación, Park Geun Hye, hija de Park Chung Hee.

privado, el Estado y la familia, moldeó la jerarquización y la sexualización de los roles sociales. Así, el hombre vinculado a lo público era considerado racional, objetivo, universal y trabajador productivo, integrante activo de la sociedad; mientras que la mujer relacionada a lo privado, a los asuntos domésticos, era vista como emocional, subjetiva y trabajadora reproductiva, su posición consistía únicamente en la crianza de los hijos y la conservación de la prosperidad familiar mediante el seguimiento de las normas del matrimonio. Este esquema binario continúa justificando ciertas desigualdades de género en la Corea moderna.

Así también, el chamanismo le concedió a la mujer un rol de importancia desde el periodo de los Tres Reinos, el cual se mantiene hasta nuestros días. Es habitual que en las zonas urbanas las chamanas sean contratadas para atender problemas, garantizar protección y revitalizar hogares.

En relación al budismo, al ser capaz de convivir con las costumbres confucianas, no permitió el incremento de la participación femenina, aunque sirvió de refugio para aquellas mujeres que se encontraban en una situación social desfavorable.

El proceso de incorporación de la mujer en el ámbito público comenzó en los años setenta de manera marginal, limitada y focalizada en sectores sociales específicos. Del mismo modo, el progreso de la representación femenina en la política ha sido lento y desigual, debido al conservadurismo dentro del sistema democrático.

Debemos tener en cuenta que a partir de la industrialización se ha tomado a la estructura familiar, apoyada en la institución del "amo de familia", como representación del desarrollo nacional, donde el gobierno cumple la función de padre de todos los ciudadanos.

A partir de ello, el punto de vista masculino prevalece y la participación femenina queda relegada a los cargos menores, que se enmarca una vez más en la visión confuciana de la mujer vinculada a lo privado y el hombre a lo público, como ideal para alcanzar la armonía social y el desarrollo económico.

Podemos concluir entonces que, aunque Corea del Sur ha logrado un desarrollo económico remarcable en un corto periodo de tiempo, la problemática de la disparidad de género persiste. La situación de la mujer en su resignificación social presenta un doble sentido, la identidad dual manifestada en la subordinación y coerción patriarcal, restringida al ámbito hogareño, frente a su autonomía económica, social y política, que ha comenzado a redefinir los roles familiares y sus vínculos. Por ello, es indispensable que el rol femenino continúe ampliándose y diversificando, dado que es visible la reproducción de ciertas lógicas tradicionales en el ideario social, que dificulta la posibilidad de una ruptura definitiva de los prejuicios de género.

Bibliografía

Abelmann, N. (1997). "Narrating selfhood and personality in South Korea: Women and social mobility". *American Ethnologist*, 1997, 786-812.

Bavoleo, B., y Iadevito, P. (2009). "Mujeres, sociedad civil y proceso de democratización en Corea del Sur". *Estudios Internacionales: Rev. del Instituto de Estudios Internacionales de la Universidad de Chile*, 164-79.

Choe, C., y Ihwa Yŏja Taehakkyo (2011). *Understanding contemporary Korean culture*. Paju-si Gyeonggi-do: Jimoondang.

Domenech Del Río, A. J. (2005). "El chamanismo coreano y la mujer". *Centro de Estudios de Asia y* África, México.

García Daris, L. (2017). "La situación de la mujer en Corea. Según las tradiciones en las distintas dinastías". Consejo Argentino para las Relaciones Internacionales (CARI), consultado el 15 de junio de 2017. Disponible en: https://goo.gl/ifrpe5

Iadevito, P. (2005). "Corea tradicional y moderna: espacios de construcción de la identidad femenina", en Oviedo, E. (comp.). *Corea, una mirada desde Argentina*. Rosario: Editorial de la Universidad Nacional de Rosario. Consultado el 20 de marzo de 2017. Disponible en: https://goo.gl/Qsovyn

Han'guk Chongsindae Munje Taech'aek Hyobuihoe (2007). "History that can't be erased: Military sexual slavery by Japan". Seúl: Korean Council for the Women Drafted for Military Sexual Slavery by Japan.

In Yoon, S. (2014). *Las religiones tradicionales de Corea*. Seúl: Universidad DanKook.

Kazur, M.; Moon, S.; Xioajiang, L. y Amelia Sáiz López (2006). *Mujeres asiáticas: cambio social y modernidad*. Barcelona: Centre d'Informació i Documentació Internacionals, Fundación CIDOB.

Kong, M. H. (1997). "Rethinking Women's Status and Liberation in Korea". Conference on Asia Europe Relations, Asia House Essen and Heinrich Böll Foundation, Soset, consultado el 5 de junio de 2017. Disponible en: https://goo.gl/UzQtHv

León García, M. A. (2000). "La mujer en la sociedad coreana. Temas varios del Pacífico". *México y la cuenca del Pacífico*, Vol. 3, N° 11.

Mera, C. (2004). "Reflexiones acerca de los cambios en la mujer coreana: Corea y Argentina", en Mera, C. (comp.), *Estudios coreanos en América Latina*. La Plata: Al Margen.

Roces, M. y Edwards, L. (2010). *Women's movements in Asia: Feminisms and transnational activism*. London: Routledge.

10

El Hangul y las mujeres coreanas

¿Es posible su análisis bajo una perspectiva de género y clase?

Martín Nicolás Saez

Introducción

Este trabajo indaga una de las problemáticas de interés de la historia coreana, esto es, lo que llamamos "el Hangul y las mujeres" que está recibiendo desde hace algunas décadas especial atención por parte de historiadores, lingüistas y académicos de otras disciplinas. Se presentará el surgimiento del Hangul de un modo históricamente contextualizado (los tiempos de su creación, sus implicancias históricas inmediatas, la sociedad y, por supuesto, las clases sociales que lo recibieron) deteniéndonos en preguntas tales como: ¿Qué participación han tenido las mujeres ante su emergencia? ¿Podemos comprenderlas como las principales receptoras y beneficiarias? ¿Realmente les implicó beneficios al estar hasta ese momento excluidas de la educación, la alfabetización y el mundo de lo escrito? ¿Todas ellas?

Aunque está ampliamente comprobada la participación que tuvieron las mujeres en los primeros tiempos del Hangul, también es cierto que muchas de ellas (tal vez la mayoría) no pudieron acceder a las letras. La participación social, política y pública de la mujer coreana a nivel general fue literalmente proscrita tras la llegada del budismo y el confucianismo a la península, consolidándose sobre todo en el primer milenio de nuestra era, en especial con las dinastías Koryo y Choson. Es en este extenso periodo donde la rigidez social y la jerarquización se conjugan con fuertes estructuras patriarcales que llevaron a la exclusión de la mujer:

> Es de notar que casi todas las circunstancias que beneficiaban la situación de la mujer a lo largo de esta etapa histórica se van a ir perdiendo con la entrada del budismo y más específicamente con la adopción al confucianismo [doctrina que opacó notablemente el desarrollo de las actividades y prácticas de las mujeres coreanas] (Iadevito, 2005: 277).

El análisis histórico que se propone está guiado por una perspectiva de género y clase. Para ello irá más allá de una simple "historia de las mujeres", donde rescatemos aisladamente los aportes de las mujeres o nos conformemos con sencillas afirmaciones tales como "las mujeres se vieron beneficiadas por la apropiación del Hangul en una sociedad donde escribían y predominaban los hombres". La idea es entrelazar las cuestiones de clase y género, ya que ambas categorías se desenvuelven en el devenir histórico en estrecho diálogo. Buscar a las mujeres en la historia y las sociedades bajo una perspectiva de género implica:

> Visibilizar la realidad que viven las mujeres así como los procesos culturales de socialización que internalizan y refuerzan los mecanismos de subordinación de las mujeres. En este sentido, la perspectiva de género no solo analiza la relación de subordinación entre las mujeres y los varones, sino también las relaciones entre mujeres y la funcionalidad de sus prácticas con el sistema patriarcal... (Facio, 2011: 10).

Plantear un estudio donde la perspectiva de género y clase sean el marco, implica "visibilizar" a las mujeres así como los mecanismos de su subordinación bajo la construcción histórica de los sistemas patriarcales, a la vez que superamos la mera división dicotómica entre varones y mujeres. A este último respecto y conjugado con una perspectiva de clase, será necesario tener en cuenta que hay mujeres que participaron de la opresión de otras mujeres como bien expuso alguna vez la socióloga Andrée Michel al decir que "hay oprimidas que también oprimen, y conviene señalarlo".[1]

Silverblatt (1990), en su introducción a *Luna, sol y brujas: géneros y clases en los Andes prehispánicos y coloniales* –retomando los aportes que Engels hiciera en *El origen de la familia, la propiedad y el Estado*–, formula un principio que nos sirve de antecedente: "los cambios de la posición de las mujeres son inseparables de las profundas transformaciones en la economía política que espoleó la formación de las clases sociales" (Silverblatt, 1990: 23). Y, por supuesto, a las sociedades mismas.

Pasemos entonces a analizar los reinos que sentaron dichas bases económicas y políticas, cuando el Hangul hizo su aparición.

---

[1] Cita tomada del libro *Pan y rosas: pertenencia de género y antagonismo de clase en el capitalismo* escrito por Andrea D'atri, el cual vio la luz en el año 2013 y profundiza la importancia de la perspectiva de clase como herramienta teórica sustancial para el análisis histórico.

Entramado social de las dinastías Koryo y Choson como marco socio histórico al surgimiento del Hangul: ¿y las mujeres?

El surgimiento del Hangul en el siglo XV –y su devenir histórico– no puede pasar por alto lo acontecido en el extenso periodo previo que podemos situar entre 918 y 1446 d. C. y que se caracterizó por el desarrollo de dos de las dinastías más influyentes y decisivas en la historia coreana. Y aunque ambas fueron muy distintas y particulares, bajo ellas se fraguaron los principales elementos de la identidad (e idiosincrasia) coreana.

Tanto Koryo como Choson se caracterizaron por ser sociedades sumamente rígidas y jerarquizadas, en las cuales una aristocracia compuesta por nobles, intelectuales, terratenientes y funcionarios estatales accedieron a la dirección de la sociedad, sostenidos por una base social conformada por amplios y heterogéneos grupos explotados y "no privilegiados" (sobre todo una abrumadora mayoría rural y analfabeta que pagaba fuertes impuestos para el sostén de la sociedad y los nobles, en su conjunto).

La dinastía Koryo (935-1392 d. C.) vino a reemplazar al Reino Unificado de Shilla y a nivel social se caracterizó por ser:

> ... una sociedad muy estratificada, encabezada por una nueva aristocracia hereditaria formada por personas allegadas al rey Taejo [...] un amplio y sólido grupo de parientes cercanos que se constituyó mediante alianzas matrimoniales consanguíneas [...] líderes militares y poderosas familias locales [...] Esta aristocracia gozaba de privilegios y monopolizaba los puestos gubernamentales (Seligson, 2009: 56).

El poder de esta aristocracia, que reservaba el acceso al gobierno (y por lo tanto a las letras y a la alfabetización) a un reducido número de hombres, era acompañado a nivel estructural por un incesante acaparamiento de tierras, sobre todo cedidas por el gobierno, cantidades fijas de granos (arroz, centeno y mijo) y la conformación de latifundios. La cultura china y el budismo se constituyeron durante el periodo Koryo prácticamente en dos matrices sociales que permearon toda arista social, cultural y política, legitimando la hegemonía del grupo en el poder.

La base social estaba compuesta por una clase de campesinos, pescadores, artesanos, mercaderes llamados *yamgmin* (o buena gente) y *chonmin* (o baja gente) que reunía a carniceros, juglares, cazadores y mineros. Ambos tenían en común el pago de fuertes cargas, el no acceso a las letras y, por supuesto, a los cargos de gobierno.

Esta situación llevó a que las fuerzas de la dinastía Koryo se vieran debilitadas y su base, socavada. Al panorama hay que sumar la invasión mongola iniciada en el 1231 d. C. y, aunque la dinastía logró mantenerse en el poder, demostró su convaleciente sumisión. Fue así como en 1392 d. C., una serie de militares encabezados por el general Yi Song-Gye asesta el golpe final a Koryo interrumpiendo su gobierno de más de cuatrocientos años, inaugurando la dinastía homónima (Yi o Choson) que durará hasta el siglo XX.

La nueva sociedad que Choson estaba configurando estuvo hegemonizada por los *yangban*, básicamente funcionarios del nuevo gobierno, intelectuales y terratenientes. Estos hombres monopolizaban las letras, el gobierno, la administración y la tierra. El resto de la sociedad estaba conformada por los *chungin* donde destacaban los antiguos nobles de los tiempos de Koryo y los *sangmin:* en este último grupo encontramos nuevamente a la mayoría campesina, pescadores, comerciantes y artesanos explotados por fuertes trabajos y tributos, que estaban marginados de la alfabetización.

Antes de ambas dinastías, "... tanto la mujer casada como la mujer soltera participaban en los trabajos de agricultura y la responsabilidad de manutención del hogar era compartida por el hombre" (Iadevito, 2005: 275). En consecuencia, la mujer ocupó un importante lugar en el acceso a la vida pública y religiosa.[2] Todo esto se ve representado en su función de chamanas, tema ampliamente trabajado hoy día.

Con el advenimiento del budismo y el confucianismo las mujeres comenzaron a quedar relegadas y hasta proscritas de la sociedad:

> A partir de este momento, el hombre pasa a ser el centro de la familia. Este predominio masculino se designa con el nombre de patriarcado [...] Este proceso de sustitución de matriarcado por patriarcado llevó a la mujer a un plano de absoluta subordinación al hombre [...] la participación femenina fue confinada a los quehaceres domésticos y a la dedicada y responsable crianza de hijos (Iadevito, 2005: 278-279).

La situación no fue igual para todas las mujeres. Notablemente, las mujeres de la aristocracia por su condición de clase pudieron sobrellevar de manera distinta las condiciones de su opresión y explotación: "La pertenencia de clase de un sujeto delimitará los contornos de su opresión" así como también "las posibilidades objetivas de enfrentamiento y superación parcial o no de esas condiciones de discriminación" (D'atri, 2013: 23-24). Y, por supuesto, de opresión. En cuanto a aquella inmensa mayoría explotada y marginada de mujeres: "La doble carga de clase y género fue particularmente dura para las mujeres del campesinado" (Silverblatt, 1990: 25).

---

[2]   Oficiando ceremonias familiares y comunales, ocupando el lugar de sacerdotisa, ofreciendo plegarias y bendiciones para sus comunidades, accediendo a la herencia y la tierra.

El Hangul durante el reino Choson (1446 d. C.)

Como vimos, Yi Song-Ye "representó el ascenso de un nuevo tipo de grupo social, surgido de las filas del ejército" (Romero Castilla, 2009: 71) inaugurando la dinastía Choson. Fue tarea de los primeros monarcas Choson y sus aliados derrumbar los antiguos cimientos (el poder de los budistas, la casta de funcionarios e intelectuales de Koryo así como el sistema social que los sustentaba) para erigir sólidas bases para este grupo en ascenso. Esto se logró mediante la adopción de los valores neoconfucianos que no desarrollaremos en esta ocasión.

Uno de los soberanos Choson más importantes fue el rey Sejong cuyo gobierno se extendió desde 1418 a 1450 d. C. En su reinado se sentaron los cimientos más sólidos referentes a la identidad y soberanía coreana. Sejong incentivó los altos estudios fundando academias, desarrollando el arte, la astronomía, modernizando las técnicas de agricultura, la diplomacia y, lo que nos atañe, las letras.

El año 1446 d. C. quedó en la historia de Corea como un hito insoslayable. Tras años de intensa elaboración conjunta con la "Casa de los Sabios", el rey Sejong promulgó el *hunmijeongeum* (literalmente, "sonidos correctos para instruir al pueblo"), iniciándose así una nueva etapa de lo escrito en la península. Podemos imaginar la trascendencia e implicancias que tal suceso tuvo en una sociedad sumamente estratificada y gobernada por grupos concentrados en el poder, hablamos sobre todo de aristócratas, nobles, funcionarios del Estado y terratenientes que basaban sus relaciones estatales y públicas en el uso del idioma y escritura china, fuente de su prestigio y poder:

> Parece que el rey tenía miras más amplias que el estrecho horizonte de los "ilustrados", recelosos de perder sus privilegios relacionados con la escritura. En un país como Corea, en el que la

cultura escrita gozaba de una alta consideración, la mayor parte
de la población no tenía participación alguna en ella. La propia
administración del Estado resultaba difícil, pues faltaban funcionarios cualificados, es decir personas capaces de leer y escribir.
En palabras del propio Sejong, esta paradoja se presentaba así:
[...] quienes custodian cárceles se ven en dificultades porque las
condenas (escritas) y probanzas son incomprensibles para ellos
(Hye, 2012: 718).

El Hangul fue llamado a cumplir una función clave en
la creación de esa nueva administración y sociedad, ins-
truyendo a las personas que llevarían adelante tal "hazaña".
La dinastía recientemente instaurada tenía necesidad de
perfeccionar en modo creciente los alcances del Estado. El
rey Sejong pensaba tanto (o más) en la necesidad de que
el Estado funcione mejor (que tuviera mayores alcances
organizativos y administrativos) y en debilitar al poderoso
grupo de sabios (que empleaban la escritura china) que en
las necesidades de su pueblo.

Lo que más nos interesa es que el Hangul, desde su
creación, representó un serio desafío social: el ya mencionado grupo de aristócratas que concentraba su poder en
cargos en el Estado, posesión de tierras y privilegios desde
los tiempos de Koryo, lo resistieron. Tres cuestiones había
en Corea reservadas para unos pocos: tierra, cargos en el
Estado y por supuesto, la escritura. Es así como el idioma
chino era utilizado en las esferas oficiales, en la literatura, o en las relaciones internacionales. ¿Es posible siquiera
pensar que entregarían así como así la fuente misma de
su prestigio y privilegio social? El Hangul fue despreciado
por estos poderosos letrados, desprestigiado y rebajado a
"lengua de mujeres".

El Hangul y las mujeres

Está ampliamente documentado que el Hangul fue apropiado por las mujeres coreanas desde un principio. Ellas pudieron acceder al mundo de lo escrito por primera vez en la historia (escritura, lectura y la enseñanza-aprendizaje de las mismas). El Hangul comenzó a brindarles lugares y funciones a ocupar que hasta el momento les estaban completamente vedados, aunque claro está, su situación social no se vio modificada.

A esta altura del análisis nos preguntamos: ¿Cuánto pudieron beneficiarse las mujeres al apropiarse del Hangul? ¿Todas ellas pudieron? No podríamos realizar esta labor si perdemos de vista las estructuras sociales, las jerarquías de clase y las construcciones de género características de Corea hacia los siglos XIV y XV forjadas bajo las fraguas de las dinastías Koryo y Choson, que hemos trabajado más arriba.

El Hangul se nos devela así con una gran particularidad: un alfabeto que tras ser elaborado fue marginado por los hombres del poder y posteriormente apropiado por las mujeres a tal punto de permitirles ilustrar la cultura propia, su vida cotidiana, sus intereses y modos de percibir la sociedad y el mundo. Por primera vez, estas cuestiones dejaron de ser narradas por hombres y las mujeres comenzaron a representar y exponer por ellas mismas las condiciones de su propia existencia.

Esto es evidente, por ejemplo, en los llamados "Romances del género femenino", género literario propio, que en sus primeros pasos llevó a la escritura los cantos tradicionales que hasta el momento estaban reservados a la oralidad como los *kasa* o los *sijo* (Kim, 2012: 721). Según la autora, los romances:

> Se limitan a los planos de la vida cotidiana y de los sentimientos enlazados con las relaciones humanas, en particular, con la emoción proveniente de la vida matrimonial, del vaivén entre el amor y el odio [...] por una parte, se despliegan las lamentaciones acompañadas de resignación o autocrítica, y por otra, se centran en las moralejas de tono didáctico (Kim, 2012: 720).

Aunque es cierto que las mujeres pudieron escribir y leer, lo hicieron en un contexto de producción que las limitaba (al igual que los alcances de sus obras), siempre girando en torno a reducidas "temáticas". Al decir de Foucault, siempre que hay discurso:

> Se trata de determinar las condiciones de su utilización, de imponer a los individuos que los dicen cierto número de reglas y no permitir de esta forma el acceso a ellos a todo el mundo [...] nadie entrará en el orden del discurso si no satisface ciertas exigencias o si no está, de entrada, cualificado para hacerlo (Foucault, 2005: 38-39).

Aunque las mujeres ingresan al mundo de lo escrito, lo hacen de manera limitada por los poderosos grupos en el poder avalados por una sociedad patriarcal y jerárquica, ya que eran vistas, al decir de Foucault, como "no cualificadas"[3].

Los actuales estudios literarios dan a conocer muchas de esas obras producidas por las mujeres coreanas a partir del siglo XV y que revisten mayor intensidad en los posteriores (sobre todo siglos XVIII y XIX). La arqueología viene cumpliendo un papel sumamente importante: se han encontrado centenares de cartas de mujeres en tumbas, como parte de ajuares funerarios, dirigidas a sus esposos que se hallaban en guerras o viajes diplomáticos. Ejemplo de ello es un caso de los años noventa del siglo XX: en

---

3   Incluso alguna vez advirtió el mismo rey Sejong sobre la peligrosidad de instruir a las mujeres.

la tumba de un hombre noble fue hallada la carta que su esposa le dirigía y realizada en un calcetín (버선). Además, se encontraron otras 170 cartas.[4]

Encontramos también novelas, canciones, diarios personales y memorias, sobre todo de mujeres aristócratas vinculadas a la vida de palacio, como lo fueran las *Memorias de dama Hyegyeong* escritas mientras su autora residió en el palacio Changgyeong en el actual Seúl. Aunque algo tardías –estas memorias datan de entre 1795 y 1805– son un excelente ejemplo.

El *Eumsik dimibang* escrito por Lady Jang en 1670 fue el primer libro de cocina no solo de Corea sino probablemente de Asia, y escrito por una mujer[5]. Una obra tardía la representa el *Chongseo gyuhap* el cual contiene consejos para las mujeres, escrito en 1809 por Lady Bingheogak.

Para continuar: Hangul, género y clase

Permítasenos la siguiente extensa cita, por demás esclarecedora sobre la condición material de la mujer a la emergencia del Hangul y que permitirá catapultar nuestro análisis. Según Kim:

> Las severas prácticas de los credos confucianos obstaculizaron por completo la presencia femenina en la sociedad. Las mujeres estaban sometidas a la presión de normas discriminatorias a favor del mundo autoritario de los varones en que se les exigía la sumisión, el valor moral considerado como la primera virtud

[4] Para ver en detalle, y además tomar en cuenta los aportes de la arqueología, recomendamos el siguiente video alojado en la web: https://goo.gl/r5jxys

[5] La obra fue escrita hacia 1670 (siglo XVII) por Lady Jang, una noble (*yangbang*) perteneciente a la provincia Gyeongsang de la dinastía Choson. No solo es excelente referencia al mundo culinario coreano, sino que también nos demuestra cómo las mujeres, mediante el Hangul, podían abocarse a los más diversos géneros de escritura plasmando sus intereses.

para las mujeres. No podían tratar con los hombres ni cercanos ni forasteros; ni siquiera debían compartir un mismo espacio, ya desde los siete años, con los hombres; vivían en el recinto destinado al uso exclusivo de las mujeres que estaba en lo más interno de la casa, rodeado de varias capas de muros; la convivencia conyugal también se realizaba a través de la "visita nocturna" del marido a su esposa y la vida cotidiana se ejercía por separado, en su propio espacio cada uno. No cabía ningún tipo de noción social en la vida femenina y tampoco se vio necesidad alguna de una educación académica; es más, fue deliberadamente vetada a menudo para que las mujeres solo desempeñaran su función de madres entregadas y esposas obedientes (Kim, 2012: 720).

Es posible apreciar las cadenas que se cernieron sobre todas las mujeres en la sociedad coreana: sin presencia social y pública, exigencia a la sumisión, severas restricciones incluso en el plano de la vida privada, sin educación académica, lo cual podría sintetizarse en palabras de Irene Silverblatt para los Andes centrales en el mismo periodo: "[mujeres a las cuales se asignaban] características peculiares que presuponían su inherente impureza y su inferioridad con respecto a los hombres" (Silverblatt, 1990: 22).

Pero como bien expone la intelectual feminista Andrea D'atri, al género además sumamos las cuestiones de clase, ya que "la pertenencia de clase de un sujeto delimitará los contornos de su opresión", existiendo "diferencias de clase que moldearán en forma variable [...] las vivencias de la opresión [...] y, fundamentalmente, las posibilidades de [...] superación" (D'atri, 2013: 23-24).

Es así como encontramos a mujeres que lograron apropiarse del Hangul y acceder al mundo escrito como autoras y lectoras, ya que:

... se popularizó entre las mujeres de la clase social alta en la corte real y de aristocracia especialmente de las provenientes de los grupos sociales *sadebu* y posterior *yangban*, pero que otros grupos de mujeres no pudieron dado que la mayoría de las mujeres eran analfabetas independientemente de su procedencia social (Kim, 2012: 721).

Sobre estas últimas se yuxtaponía una doble condición de oprimidas y explotadas ya que al hecho de ser mujeres se sumaba su inherente condición de clase. De seguro, no vieron modificada su existencia que se basaba en el constante trabajo de la tierra (la cual no poseían ni sus esposos ni ellas) y el mantenimiento del hogar y la familia.

Por último, es necesario mencionar que el Hangul, lejos de ser monopolizado exclusivamente por las mujeres, fue utilizado también por hombres muchas veces para reforzar su superioridad social y garantizar la opresión de las mujeres, ya que hablamos de letrados masculinos que escriben a partir del siglo XVI:

> ... a través de la voz y la visión femeninas [...] fidelidad y lealtad profesada por parte de una mujer hacia su amor [y también] como medio particular de distraer y entretener a las mujeres para retenerlas en sus alcobas en circunstancias convulsas de la apertura y la modernización del mundo (Kim, 2012: 721).

El libro titulado *Naehun* escrito en 1475 d. C. por la reina Sohei obedece a la misma lógica: en sus capítulos recrea consejos para las mujeres que están permeados por los valores confucianos de piedad filial y obediencia de la mujer al hombre (algunos apartados son conductas, formas de expresión, piedad filial, conducta maternal, etc.).

En conclusión, fue el Hangul una especial herramienta en manos de las mujeres, sobre todo de las nobles y aristócratas –aunque de seguro no exclusivamente– mediante el aprendizaje de un alfabeto que les permitió escribir, leer y enseñar. Como hemos trabajado, su condición de clase les permitió afrontar su existencia y opresión social de manera particular y diferenciable a la del resto de las mujeres, lo cual podemos ver, por ejemplo, en su acceso al Hangul. El resto de ellas difícilmente pudieron acceder a la escritura, aunque muchas "plebeyas" vinculadas al mundo periférico de servidumbre o campesinado pudieron acceder paulatinamente a la lectura de ciertas obras que, no obstante, les recordaban las leyes, normas o sobre todo, el lugar que debían ocupar en la sociedad.

Reflexiones finales: el Hangul como parte de la identidad coreana

Como se mencionó *ut supra*, el Hangul fue presentado como alfabeto para Corea a mediados del siglo XV por el rey Sejong (entre 1443 y 1446) en el marco de consolidación de la dinastía Choson, la cual inició un acelerado camino para reforzar su legitimidad, lograr mayor eficacia estatal administrativa y también, de soberanía. En sus inicios fue rechazado por los poderosos hombres que utilizaban la escritura china, sinónimo de superioridad y prestigio. Fue relegado inmediatamente y considerado "escritura de mujeres" e incluso atravesó fuertes periodos de proscripción como la efectuada en 1504 por el príncipe Yonsan. Hemos visto su apropiación por parte de las mujeres, sobre todo de las pertenecientes a clases sociales altas (*yangban*).

Sin dudas, su uso se fue intensificando, lo utilizaron tanto mujeres como hombres, encontrando una importante generalización hacia fines del siglo XVI. No obstante, la escritura china siguió siendo hegemónica sobre todo en la vida oficial del Estado y el Hangul permaneció ilustrando la vida cotidiana, sucesos de palacio y cartas como las enviadas entre hijo-madre, hermano-hermana o esposo-esposa.

De los Frailes Álvaro comentó con certeza la trascendencia del Hangul, "cuyo uso y estudio, a pesar de las dificultades encontradas en distintos momentos de la Historia, se fue extendiendo a todas las clases y condiciones" (De los Frailes Álvaro, 2010: 99). Según el mismo autor, hacia el siglo XIX, comienza "a coexistir este con las letras chinas en periódicos, libros y documentos oficiales" (De los Frailes Álvaro, 2010: 100) para pasar por un nuevo periodo de proscripción tras la invasión imperialista japonesa. El siglo XX devino clave ya que "... se ha convertido en el estándar de la comunicación escrita [...] se aprende en las aulas y permite ojear la prensa..." (Prieto, 2011: 54).

El Hangul se abrió paso lentamente a través de los siglos, en una tarea para nada fácil. Y como la Historia nos ha enseñado, los periodos de mayor dificultad fueron aquellos que hicieron arraigar el Hangul en la sociedad: está documentado que siempre que hubo invasiones extranjeras a la península, los reyes emplearon el Hangul para comunicarse y emitir leyes para su pueblo o bien, en la invasión japonesa iniciada en el siglo XIX, se convirtió en instrumento de resistencia: reforzó el sentimiento de pertenencia e identidad coreana ante la amenaza externa.

Un informe elaborado por la UNESCO para Corea del Sur comenta lo siguiente sobre la situación de la mujer:

> Si bien estadísticamente puede haber una pequeña diferencia entre la tasa de alfabetización de adultos mujeres y hombres, a muchas coreanas se les negó la oportunidad de educación por razones socioeconómicas y una ideología patriarcal. Ellas permanecieron analfabetas y enfrentan dificultades en su vida diaria (UNESCO, 2013: 69).

Como vemos, más allá de que el 97,9%[6] de las personas en edad adulta estén alfabetizadas, son las mujeres las que aún sufren dificultad para el acceso al Hangul. Esta situación, marcadamente superior en las zonas rurales, ha llevado a la elaboración de programas como la "Escuela de madres", implementado por el gobierno surcoreano en colaboración con la UNESCO.

Hoy en día, a 571 años de su creación y más allá de los desafíos presentes aún por superarse, vemos que el Hangul es cada vez más lo que su raíz etimológica mencionó desde su nacimiento: un *hunminjeongum* o un alfabeto para instruir a su pueblo.

Bibliografía

D'atri, A. (2013). *Pan y rosas: pertenencia de género y antagonismo de clase en el capitalismo.* Buenos Aires: Ediciones IPS.

De Los Frailes Álvaro, L. (2010). "Retos y curiosidades en la práctica de la traducción coreano-español (parte I)", en Ojeda, A. e Hidalgo, A. (2010), *Estudios actuales sobre Corea.* Granada: Entorno Gráfico Ediciones.

Facio, A. y Fries, L. (2005). "Feminismo, género y patriarcado". *Academia: Revista sobre enseñanza del Derecho de Buenos Aires*, año 3, N° 6, 259-294. Recuperado de: https://goo.gl/HCEj8n

Foucault, M. (2005). *El orden del discurso.* Buenos Aires: Tusquets Editores.

---

6   El mismo documento señala que los hombres en edad adulta están alfabetizados en un 99,2% y las mujeres en un 96,2%, lo que significaría una diferencia de casi 3 puntos en detrimento de las mujeres.

Iadevito, P. (2005). "Corea tradicional y moderna: espacios de construcción de la identidad femenina", en Oviedo, E. (comp.), *Corea, una mirada desde Argentina*, Rosario: Editorial de la Universidad Nacional de Rosario.

Kim, H.-J. (2012). "La escritura coreana y la literatura femenina", en Agud, A. *et al.*, *Séptimo centenario de los estudios orientales en Salamanca*. Salamanca: Ediciones Universidad de Salamanca.

Ojeda, A. e Hidalgo, A. (coords.) (2011). *Corea, imagen y realidad*. Granada: Entorno Grafico Ediciones.

Seligson, S. (2009). "Desde los orígenes hasta fines del siglo XIV d. C.", en Manríquez, J. L. (coord.), *Historia mínima de Corea*. México: El Colegio de México.

Silverblatt, I. (1990). *Luna, sol y brujas: géneros y clases en los Andes prehispánicos y coloniales*. Cusco: Centro de Estudios Regionales Andinos Bartolomé de las Casas.

Unesco (2013). *Programas de Alfabetización centrados en las mujeres para reducir las desigualdades de género*. Hamburgo. Recuperado de: https://goo.gl/rmrteJ

11

La cortesana y la mediadora

Dos dimensiones de expresión femenina en la tradición coreana

VERÓNICA DEL VALLE

Introducción

El objetivo principal es relacionar dos figuras femeninas arquetípicas de la cultura coreana: la mediadora y la cortesana. Surgidas del chamanismo y del grupo social *Gisaeng* respectivamente, a través de estas figuras las mujeres lograron encontrar un intersticio por medio del cual expresarse en una sociedad marcadamente patriarcal y opresiva para el género femenino.

Como punto de partida teórico se tomará el concepto de Hall (1982) de *hegemonía*, entendida como una alianza provisional entre ciertos grupos sociales (clase dominante) que pueden ejercer total autoridad sobre los grupos subordinados, ganando el consentimiento y otorgándole significado para que ese poder parezca legítimo y natural. Teniendo en cuenta también que en todo proceso cultural existen conflictos internos que logran espacios para que los grupos subordinados se expresen, pero siempre dentro de los límites de las definiciones establecidas por la clase dominante. Esta es una negociación en el terreno ideológico y cultural: el sistema hegemónico permite espacios de

expresión para los grupos subordinados, pero esos valores y aspiraciones son asimilados en términos compatibles
con la ideología dominante (Bennett, 1986). Las expresiones ideológicas de la clase dominante siempre coexisten
y deben negociar con otras expresiones ideológicas que
pueden ser afines u opuestas (Sorlin, 1985).

Por último, para el análisis se tendrá en cuenta la
siguiente afirmación de Segato:

> Lo que es observable es el mayor o menor grado de opresión
> de la mujer, el mayor o menor grado de sufrimiento, el mayor
> o menor grado de autodeterminación, el mayor o menor grado
> de oportunidades, de libertad, etc., más no la igualdad, pues
> esta pertenece al dominio de la estructura; y la estructura que
> organiza los símbolos, confiriéndoles sentido, no es del orden
> de lo perceptible a primera vista, sin el uso de herramientas de
> "escucha" adecuadas que llamamos, en su variedad, "análisis
> del discurso". El poder se revela, a veces, con infinita sutileza
> (Segato, 2010: 54).

La cortesana

Hacia finales de la dinastía de Goryeo (Koryo, 918-1392)
la escena social estuvo dominada por los clanes aristo-
cráticos y reales, y el acceso a los cargos públicos estaba
condicionado por complejos exámenes que solo podían
ser aprobados por miembros de estas familias acomoda-
das que disponían de la educación y poder necesarios.
Comienza a cobrar importancia el confucianismo (sistema
ético y religioso proveniente de China) que con sus estándares éticos y morales acerca del gobierno, la familia y la
sociedad sirvió para organizar el poder. Sin embargo, este
pensamiento racionalista convivió con el budismo previo,
que fomentaba el amor y el respeto por la naturaleza. En
este contexto social y político surge el *Sijo* (시조), poema

lírico breve con forma fija de solo tres versos (en el primero se introduce la situación, que se desarrolla en el segundo y en el tercero se da un giro o desenlace). Pero fue durante la dinastía Joseon (Choson, 1392-1910), cuando se produce un declive del budismo dejando al confucianismo como única ideología aceptable por las clases dominantes, que el género *Sijo* toma fuerza y relevancia. Fueron las *Gisaeng* (기생), clase social de artistas profesionales entrenadas para el entretenimiento de los nobles, quienes condujeron al *Sijo* a su esplendor y lo llevaron a los estratos sociales más bajos. El origen de las *Gisaeng* puede rastrearse en el Koryŏsa (Historia de Koryo/Goryeo) donde se las describe como descendientes de un grupo migratorio llamado "la gente del agua y del sauce" y que fueron vendidos como esclavos por el primer rey de Goryeo debido a su naturaleza conflictiva (Lee, 2010). Aunque provenientes de estratos sociales bajos y familias sin relevancia, al ser artistas del entretenimiento de la elite accedían a una educación vedada a la mayoría de las mujeres de su época. Tradicionalmente, la mujer coreana de clase acomodada era relegada a su hogar, accediendo únicamente a una educación informal dentro de la esfera doméstica que se reducía a los preceptos confucianos deseables en una mujer: diligencia, piedad filial y castidad. Como únicas mujeres a las que se les permitía actuar en la corte y en las fiestas privadas de la nobleza, las *Gisaeng* tenían un grado de libertad, instrucción y autonomía negada a la mayoría de sus congéneres.

Desde esta posición privilegiada jugaron un rol social clave ya que conectaron la cultura de la elite con los estratos bajos de la población. Gracias a ellas la música y la danza salen del ámbito cerrado de la corte y son llevadas al público en general. En esta época la literatura no solo asumía una forma escrita sino también cantada/recitada, y fueron las *Gisaeng* quienes llevaron este arte al "aire libre" poniéndolo al alcance de la gente que comúnmente no accedía a los libros, ni la instrucción suficiente para leerlos.

La más renombrada de las *Gisaeng* fue Hwang Jini (1511-1541) quien por su inteligencia y belleza logró convertirse en una celebridad de su época. Aunque hija de una concubina del palacio, se negó al mandato familiar de un matrimonio arreglado y prefirió seguir su propio camino como artista. A través de los poemas, Hwang Jini pudo expresar abiertamente sus sentimientos, algo no permitido a una mujer por los rígidos códigos confucianos. Si bien sus habilidades debían utilizarse para entretener a la elite, ella aprovechó el arte para expresar sus pensamientos, desafiando la rigidez de la corte.

La mediadora

Otra faceta interesante de negociación con la hegemonía es el chamanismo. Según la tradición, la primera chamana en Corea fue la princesa Bari. Si bien su historia surge de la transmisión oral pudiendo ubicarse en una fecha anterior, el primer registro escrito data de la dinastía Choson (Joseon, 1392-1910). En esta época el pensamiento dominante era el confucianismo que, como se citó anteriormente, establece entre otros los ideales del respeto por la jerarquía social, la piedad filial, la búsqueda de estabilidad y armonía social y familiar. Estos preceptos fueron vistos por la clase dominante como una base inmejorable a partir de la cual reorganizar la estructura política y moral del reino. Debido a que el confucianismo promovía el desarrollo y el cultivo a nivel personal (la moral personal y social iban van unidas), fomentó el surgimiento de una nueva clase ilustrada dominante: la *Yangban* que como única obligación tenían el estudio de la doctrina confuciana y el acceso a los cargos públicos. En esta sociedad rígidamente estratificada los miembros de la clase dominante buscaron proteger su estatus: la pertenencia al grupo era hereditaria y se establecía a través de un sistema fijo de matrimonios permitidos (solo se casaban dentro de la misma clase social) con lo cual limitaban su número. Por debajo de ellos se encontraban los *Chungin* o aquellos que poseían una profesión especializada. Luego estaba la clase baja (entre los que se contaban los chamanes y las *Gisaeng*) y finalmente, en el estrato más bajo los esclavos. En una época predominantemente racional, los chamanes fueron proscritos y se les asignaron impuestos especiales. En un Estado altamente burocrático, a los cargos solo podían acceder los miembros de la clase *Yangban* a través de un complejo sistema de exámenes.

Es en este periodo de dominación y exclusión sufrida por las mujeres tanto a nivel público como privado (no accedían a la educación formal, no participan en ningún rito confuciano de los antepasados, etc.) cuando el chamanismo se convierte en una experiencia religiosa principalmente femenina.

Según el mito, la princesa Bari desciende al mundo subterráneo y atraviesa una serie de duras pruebas para salvar a su padre (el rey, quien la había abandonado de bebé) y se convierte así en ejemplo de los valores confucianos de piedad filial, devoción a la familia y al país. Sin embargo, la complejidad del relato nos muestra a una mujer que reniega de otro mandato confuciano al rechazar su herencia y no aceptar volver a su reino y a la sociedad restrictiva que representa. Es así como elige volver con su esposo, con quien se casó sin consentimiento paterno, otro signo de rebeldía hacia las tradiciones y mandatos de la época.

El chamán vive en la liminalidad: es intermediario entre el cielo y la tierra, entre el reino de los espíritus y el mundo de los hombres, reconcilia los opuestos. En los antiguos estados tribales los chamanes poseían gran poder religioso y político. Aún en el comienzo del periodo de los Tres Reinos mantuvieron cierto estatus, pues hasta los reyes tenían atributos de origen chamánico y la diferencia de roles entre ambos no estaba nítidamente marcada. Luego los soberanos comenzaron a centralizar cada vez más el poder, y la división entre el sacerdote y el monarca se hizo más notoria, concentrando todo el poder este último. Al mismo tiempo ingresan nuevas religiones y pensamientos filosóficos desde China (budismo, taoísmo, confucianismo, etc.) que comienzan a competir con las creencias autóctonas tribales/chamánicas. Si bien se produjo un sincretismo entre el chamanismo y estas nuevas ideas extranjeras, su rol como creencia religiosa preponderante menguó y solo se mantuvo activo en los sectores populares.

La función de los chamanes era principalmente satisfacer las necesidades prácticas de las personas y armonizar a los opuestos (cielo/tierra, vivos/muertos, alegría/dolor, etc.). Si bien históricamente existieron chamanes de ambos sexos y no existía una distinción entre ambos sexos en la práctica (a diferencia del confucianismo), fueron las mujeres quienes terminaron imponiéndose en número a través de los siglos. Posiblemente esto se deba a que el accionar femenino le otorgó vitalidad y continuidad, utilizándolo como medio de expresión y espacio de libertad en una sociedad cada vez más patriarcal y opresiva hacia el género femenino. En la vida pública predominaba el confucianismo con sus ceremonias centradas y dirigidas por hombres; pero puertas adentro y en las tradiciones chamánicas supervivientes, especialmente en las clases más populares, eran las mujeres quienes poseían un papel preponderante.

Conclusiones iniciales

Durante el periodo Choson existió en Corea una estricta división sexual dentro del ámbito de las prácticas religiosas y del acceso a la educación. Como se mencionó anteriormente, mientras que los hombres tenían en el confucianismo un espacio de preponderancia, las mujeres vieron en el chamanismo un ámbito en el cual poder participar y expresarse espiritualmente. A la educación formal accedían solo los varones, mientras que solo aquellas mujeres que seguían el camino de las *Gisaeng* podían aspirar a lo mismo. Pero esta marcada diferenciación sexual también era visible en el campo de la literatura (y las artes en general) donde los hombres estaban limitados por las reglas de la escritura clásica china, pero las *Gisaeng* eran más libres de expresar sus pensamientos especialmente en la poesía. A través de la escritura se les permitía manifestar sus emociones, muchas veces encontradas: dolor, resentimiento (social y personal), alegría, el amor, la belleza, etc. Es esta mezcla de sentimientos, aparentemente opuestos, la que también se denomina *han*: fuerza que impulsó a las mujeres coreanas a sobreponerse a situaciones de opresión y sufrimiento padecidas a través de la historia (Doménech, 2015).

En la literatura y el arte, usados como vehículo de expresión por las *Gisaeng*, como en el terreno del mito y el chamanismo, se puede encontrar el elemento emotivo y la fuerza "primitiva" muchas veces asociada con lo femenino (en contraposición a lo racional como símbolo masculino, especialmente en el confucianismo).

Como se formuló al inicio del trabajo, es en la negociación con la ideología dominante que los grupos subordinados pueden expresarse dentro de los límites que le impone el poder. Esto puede observarse en el caso de las *Gisaeng*: los preceptos confucianos no habrían permitido que ellas demostraran sus sentimientos libremente a través del arte si no hubiesen estado al servido del entretenimiento de la clase dirigente. Hay una negociación entre la hegemonía dominante y los demás discursos, sin la cual los segundos no podrían haber atravesado la censura de los valores imperantes. Es evidente la habilidad demostrada por las mujeres al poder utilizar los medios a su alcance para encontrar un canal eficaz de expresión en medio de una sociedad que les ofrecía muy pocas posibilidades de hacerlo sin ser amonestadas.

Bibliografía

Bennett, T. (1986). "Introduction: Popular culture and the turn to Gramsci", en Bennett, T., Mercer, C. y Woollacott, J. (eds.), *Popular culture and social relations* (pp. 56-90). Milton Keynes: Open University Press.

Cooper, J. C. (2010). *An Illustrated Introduction to Taoism: The Wisdom of the Sages*. Bloomington, Indiana: World Wisdom Inc.

Doménech, A. J. (2001). "Una introducción al pensamiento coreano: tradición, religión y filosofía". Segundo Simposio Internacional sobre Corea. Madrid, 21 y 22 de noviembre de 2001. Centro Español de Investigaciones Coreanas (CEIC).

Doménech, A. J., Prevosti i Monclús, A. y Prats, R. (coords.) (2005). *Pensamiento y religión en Asia Oriental.* Barcelona: Editorial UOC.

Doménech, A. J. (2015). "Religious Beliefs and Practices Illustrated by Films", en Bruno, A. L. (ed.), *Corea: K-pop multimediale.* Ariccia: Aracne editrice.

Doménech, A. J. "La experiencia de una chamana." Material de curso.

Doménech, A. J. (2016). "The dream of inter-religious dialogue in Kim Manjung's Kuunmong". Material de curso Korea Foundation e-School.

Hall, S. (1982). "The Discovery of Ideology: return of the repressed in media studies", en Gurevitch, M.; Bennett, T.; Curran, J. y Woollacott, J. (eds.), *Culture, society and the media* (pp. 56-90). New York: Methuen.

Kim, S. (2008). "Feminist Discourse and the Hegemonic Role of Mass Media". *Feminist Media Studies*, 8:4, 391-406.

Kim, Y. (2012). *15 códigos de la cultura coreana.* Buenos Aires: Bajo la Luna.

Lee, I. (2010). "Convention and innovation: the lives and cultural legacy of the Kisaeng in colonial Korea (1910-1945)." *Seoul Journal of Korean Studies*, 23(1), June, 71-93.

Lévi-Strauss, C. (1995). *Antropología estructural.* Buenos Aires: Paidós.

Manríquez, J. L. L. (coord.) (2012). *Historia mínima de Corea.* México: El Colegio de México.

Rhi-Bou-Yong (1992). "El chamanismo y la psicología coreana". *Coreana*, Tomo III, N° 2, 35-39.

Segato, R. (2010). *Las estructuras elementales de la violencia. Ensayos sobre género entre la antropología, el psicoanálisis y los derechos humanos.* Buenos Aires: Prometeo.

Sorlin, P. (1985). *Sociología del cine: la apertura para la historia de mañana*. México: Fondo de Cultura Económica.

Walraven, B. (2011). "Divine territory. Shaman songs, elite culture and the nation." *Korean Histories*, 2(2), 42-58.

Sobre los autores

Luciano Damián Bolinaga: Nació en Rosario el 7 de junio de 1979. Graduado del Programa de Estudios Posdoctorales por la Universidad Nacional de Tres de Febrero, 2013. Doctor en Relaciones Internacionales por la Universidad Nacional de Rosario, Facultad de Ciencia Política y Relaciones Internacionales, 2011. En 2009, obtuvo tu título como Magister en Relaciones Internacionales con Orientación en Asia Pacífico por la Universidad Nacional de La Plata, Instituto de Relaciones Internacionales. Licenciado en Relaciones Internacionales por la Universidad Nacional de Rosario, Facultad de Ciencia Política y Relaciones Internacionales, 2004. Ha sido becario doctoral y posdoctoral del CONICET. También fue becario del Ministerio de Educación de la República de Corea, desempeñándose como Investigador en el Institute for Far Easter Studies de la Kyungnam University (Seúl). Actualmente, es ProSecretario de Investigación, Director del Centro de Altos Estudios en Ciencias Sociales y del Grupo de Estudios del Asia y el Pacífico de la Universidad Abierta Interamericana (Sede Rosario, Argentina). Es profesor del Seminario "América Latina en la era del Pacífico" y coordinador del Korea Foundation e-School Program for Latin America, coordinado por la Universidad Autónoma de Nuevo León, y miembro de la Asociación Argentina de Estudios Coreanos.
e-mail: LucianoDamian.Bolinaga@uai.edu.ar
bolinagaluciano@gmail.com

Bárbara Bavoleo: Licenciada en Ciencia Política por la Universidad de Buenos Aires. Magister en Estudios de Asia y África con Especialización en Corea, graduada de

El Colegio de México. Doctora en Ciencias Sociales por
la Universidad de Buenos Aires. Ha realizado estudios de
Lengua y Cultura Coreana en Ewha Womens University,
Seúl, Corea del Sur. Miembro del Comité Ejecutivo y Profesora del Korea Foundation e-School Program for Latin
America de Korea Foundation, coordinado por la Universidad Autónoma de Nuevo León. Coordinadora del Centro
de Estudios Coreanos y Secretaria Académica del Doctorado en Relaciones Internacionales del Instituto de Relaciones Internacionales en la Universidad Nacional de La
Plata. Profesora de Historia de la Cultura Coreana en la
Universidad del Salvador y de los programas de Maestría
y Doctorado en Relaciones Internacionales del Instituto de
Relaciones Internacionales en la Universidad Nacional de
La Plata. Investigadora de la Carrera del Investigador Científico CONICET/ IRI-UNLP.
e-mail: barbarabavoleo@yahoo.com.ar

Lucas Erbín: Licenciado en Relaciones Internacionales
por la Universidad Abierta Interamericana. En el e-School
Program for Latin America tomó los cursos de "Corea en el
escenario regional del Asia del Este" en 2015 y "Desarrollo
económico y corporaciones en Corea y Asia del Este" en
2016, año en el cual también tomó el Seminario "Korea and
the World since 1879", coordinado por la Universidad de
California-Los Ángeles y la Korea Foundation. Investigador
del Grupo de Estudios de Asia y del Pacifico. Actualmente,
se encuentra en Corea del Sur gracias a una beca de maestría del Ministerio de Educación de ese país.
e-mail: lucas_erbin@hotmail.com

Estefanía Kuhn: Estudiante avanzada de Derecho en la
Facultad de Ciencias Jurídicas y Sociales de la Universidad Nacional de La Plata (UNLP). Miembro del Centro de

Estudios Coreanos del Departamento del Asia y el Pacífico del Instituto de Relaciones Internacionales en la UNLP. En el e-School Program tomó el curso "Corea en el escenario regional del Este de Asia", durante el año 2015.
e-mail: estefaniakuhn@gmail.com

Matías Benítez: Estudiante avanzado de Sociología en la Facultad de Ciencias Sociales de la Universidad de Buenos Aires (UBA). Miembro del Centro de Estudios Coreanos del Departamento del Asia y el Pacífico del Instituto de Relaciones Internacionales en la Universidad Nacional de La Plata (UNLP). En el e-School Program for Latin America tomó el curso "Corea en el escenario regional del Asia del Este" en 2015.
e-mail: matiasbenitez1992@gmail.com

Desirée Nair Chaure: Licenciada en Relaciones Internacionales por la Universidad del Salvador y posee una Especialización en Economía y Negocios con Asia Pacífico e India por la Universidad Nacional de Tres de Febrero. Se desempeña como Asistente Profesional en el Ministerio de Relaciones Exteriores y Culto de la República Argentina. En el e-School Program tomó los cursos "Desarrollo económico y corporaciones en Corea y Asia del Este" y "Corea a través de su historia, religiones y literatura" (2016).
e-mail: desiree.chaure@gmail.com

Maximiliano Mainardi: Estudiante avanzado de la Licenciatura en Relaciones Internacionales en la Facultad de Derecho y Ciencia Política de la Universidad Abierta Interamericana. Actualmente, se desempeña como Asistente de Investigación del Grupo de Estudios del Asia y el Pacifico (GEAP) de dicha casa de altos estudios. En el e-School Program tomó durante el año 2016 el curso "Desarrollo

económico y corporaciones en Corea y el Este de Asia", año en el cual también tomó el Seminario "Korea and the World since 1879", coordinado por la Universidad de California-Los Ángeles y la Korea Foundation. Fue seleccionado para participar del 3rd Workshop Internacional del e-School, en Monterrey en mayo de 2017.
e-mail: mmainardi12@gmail.com

María Florencia Colavita: Licenciada en Biología con Orientación Zoología (UNLP). Profesora de Biología y Filosofía de la Ciencia. Miembro del Centro de Estudios Coreanos (IRI-UNLP). Estudiante de idioma coreano y cultura coreana. En el e-School Program tomó durante el año 2013 "Globalizando la Ola Coreana: las dinámicas económicas, políticas y sociales de producción de la cultura popular", con el cual fue seleccionada para participar del Workshop Internacional en la Ciudad de México en febrero de 2014. Además, cursó "Corea en el escenario regional del Asia del Este", año 2105, y "Las Economías de Corea del Sur y América Latina" en el 2017.
e-mail: mfcolavita@gmail.com

Mateo Banguero Agudelo: Estudiante del tercer año de la Licenciatura en Relaciones Internacionales de la Universidad Abierta Interamericana, Facultad de Derecho y Ciencia Política. En el e-School Program for Latin America tomó los cursos "Corea en el escenario regional del Asia del Este" en 2015, y "Desarrollo económico y corporaciones en Corea y Asia del Este" en 2016, año en el cual también tomó el Seminario "Korea and the World since 1879", coordinado por la Universidad de California-Los Ángeles y la Korea Foundation.
e-mail: mateo.banguero@hotmail.com

Lautaro Emanuel Pagaburu: Estudiante del tercer año de la carrera Relaciones Internacionales en la Facultad de Derecho y Ciencia Política de la Universidad Abierta Interamericana. En el e-School Program for Latin America tomó el curso de "Desarrollo económico y corporaciones en Corea y el Asia del Este", pero también el Seminario "Korea and the World since 1879", coordinado por la Universidad de California-Los Ángeles y la Korea Foundation en 2016.
e-mail: lautaro_pagaburu@hotmail.com

Martín Nicolás Saez: Profesor de Historia recibido por la Universidad Nacional de la Patagonia San Juan Bosco (sede Trelew, Chubut) y ayudante de Cátedra en Historia Americana II (Colonial) desde el año 2014. En el e-School Program for Latin America tomó el curso "Corea en el escenario regional del este de Asia" en 2016, y fue seleccionado para participar del III Internacional Workshop en Monterrey en mayo de 2017.
e-mail: lord.kolob@gmail.com

Verónica Del Valle: Licenciada en Ciencias Antropológicas Orientación Sociocultural (UBA). Integrante del Centro de Estudios Coreanos (IRI/UNLP). Sus áreas de investigación son: género, religiones y medios de comunicación. Cursó en el e-School Program: "Corea a través de su historia, religiones y literatura", 2016.
e-mail: lady.nerwen@gmail.com

Sumario

연구 개요

Capítulo 1. Los estudios coreanos en la República Argentina: trayectorias y perspectivas

Los estudios sobre Corea en Argentina han transitado un camino que se remonta a más de dos décadas y, a lo largo de los últimos años, han expuesto un desarrollo acelerado que parece orientarse a la institucionalización académica del área. En variadas universidades e institutos de investigación del país se han establecido centros de estudio, de investigación, seminarios, cursos y talleres, y el campo de especialistas creció, así como sus publicaciones. Este capítulo, que sirve de preludio a las producciones de jóvenes sobre Corea que aquí se compilan, recorre los principales hitos en la construcción del campo de estudios, destacando los aspectos contextuales que le fueron dando impulso y visibilidad, y concluye con observaciones en pos de la continuidad del crecimiento de los estudios coreanlos.

Palabras clave: Estudios coreanos. Argentina. Asia del Este. Asia Pacífico. Estudios de área.

아르헨티나 내 한국학: 변천 과정 및 전망
아르헨티나에서의 한국학 연구는 20년 이상 거슬러 올라가며, 최근 몇 년 동안에 걸쳐 학문의 제도화를 지향하는 등 비약적인 발전이 있어 왔다. 아르헨티나 내 여러 대학과 연구소에서는 연구센터가 설립되면서 조사연구, 세미나, 전문가 양성 과정이 활발해 졌으며 전문적인 논문 및 발간물을 내면서 성장을 거듭해 왔다. 본 장에서는 한국에 대한

여러 신진학자들의 결과물이 서설로 편집되어 있으며, 연
구 기반의 맥락을 이해하는 중요한 지침이 담겨있다. 특히
한국학 연구의 지속적 성장을 위한 추진력과 시각을 부여
하는 비평을 담고 있다.
키 워드: 한국학 – 아르헨티나 – 극동 아시아 – 아시아 태
평양 – 지역학

Capítulo 2. La constitución de 1895: el fin del Reino Ermitaño

La península coreana está actualmente dividida en dos
Estados: la República de Corea y la República Popular y
Democrática de Corea. Cada uno posee una Constitución y
un orden jurídico sobre el cual se erige. Sin embargo, esto
no siempre fue así. Hasta mediados del siglo XIX, la península estaba gobernada por la dinastía Choson y era conocida como el Reino Ermitaño. Aproximadamente en 1870
inició un periodo de profunda transformación donde se
comenzó a cuestionar el orden confuciano establecido. La
conclusión de este proceso se refleja en las reformas Kabo,
las cuales sancionaron nuevas regulaciones económicas,
sociales y políticas dando el primer paso de la transición
hacia una Corea moderna.

Palabras clave: Constitución. Confucio. Reformas Kabo.

1895년 개혁과 양반 제국의 몰락
한반도는 현재 두 개의 국가로 나누어 있다: 대한민국과 조
선인민민주주의공화국. 각 국은 각각 제정된 헌법과 법률
을 보유하고 있는데 항상 그랬던 것은 아니다. 19세기 중
순까지 한반도는 조선왕조가 지배하고 있었으며 양반 왕
국으로 알려져 있었다. 1870년경 큰 변화가 모색되기 시작
하였으며 뿌리깊은 유교가 문제화 되기 시작하였다. 이과
정의 결말은 갑오개혁으로 귀착되며, 대한제국을 향한 중
요한 전환점이 되면서 새로운 경제적, 사회 및 정치적인
조례가 제정되었다.

키 워드: 개혁 – 유교 – 갑오개혁

Capítulo 3. Avatares en el proceso de apertura económica de Corea del Norte: el caso del Complejo Industrial de Kaesong

A partir del caso del Complejo Industrial Kaesong (CIK), nos proponemos dar cuenta de las transformaciones paulatinas del modelo económico norcoreano. Para ello, en primer lugar, daremos un panorama de los diferentes estadios que atravesó la economía norcoreana desde la reconstrucción de posguerra hasta la apertura del CIK. A partir de ahí analizaremos los desarrollos que tuvo este último en relación a sus implicancias en el proceso más general de reformas hasta su cierre en 2016. Por último, haremos una reflexión respecto a las limitaciones y potencialidades que tuvo este proyecto, y de las perspectivas a futuro de la reestructuración capitalista de Corea del Norte.

Palabras claves: Apertura económica. Corea del Norte. Kaesong. Historia económica.

북한의 경제개발과정 변천: 개성공단(CIK) 사례
우리는 개성공단 사례 이후부터 북한의 경제모델이 점진적인 변화를 가져왔음을 인식하고자 한다. 이를 위해 먼저 전후 재건과 CIK 개방까지 북한 경제가 경험한 다양한 국면의 전개를 살펴보고 이후 2016년 폐쇄까지 가장 일반적인 개혁 과정에서 나타난 모순 속의 발전을 분석한다. 끝으로 이 프로젝트가 지닌 한계성, 잠재성과 관련된 영향을 분석하고 향후 북한의 자본주의적 재구조 조정에 대한 전망을 한다.
키 워드: 경제 개방 – 북한 – 개성 – 경제변천사

Capítulo 4. Ciclo virtuoso de la economía del este de Asia: estudio de caso de las empresas japonesas en la República de Corea

El siguiente artículo analiza el desarrollo económico regional del este de Asia a partir del caso particular de las empresas electrónicas japonesas en Corea del Sur. Akamatsu, con la teoría de los gansos voladores, logró representar el proceso de industrialización en la región. La coyuntura geopolítica, las zonas de libre comercio para la exportación y la internacionalización de las empresas japonesas tuvieron un rol trascendental en el proceso de los gansos voladores. A través de dicha internacionalización, creció el vínculo entre Japón y las economías de la región facilitando la transferencia de tecnología y orientando a las economías regionales hacia el crecimiento económico y la industrialización.

Palabras clave: Empresas. Japón. Corea del Sur. Ciclo virtuoso. Este de Asia.

동 아시아의 경제 선순환: 한국 내 일본 기업의 사례 연구
이번 장에서는 극동 아시아의 지역경제개발을 한국 내 일본전자기업의 특수 사례를 들어 분석한다. 아카마츠는 기러기편대이론으로 지역의 산업화 과정을 나타냈다. 지정학적 정세, 수출자유무역지대 및 일본기업의 국제화가 기러기 편대이론에서처럼 주도적이며 중요한 역할을 했다. 이러한 국제화를 통해 일본과 지역 간의 경제 결속은 발전해 나갔으며, 이는 기술이전 및 경제성장과 산업화를 도모하기 위한 지역 경제의 지향에 기인하였다.
키워드: 기업 – 일본 – 한국 – 선순환 – 동아시아

Capítulo 5. Cambio del sistema político de Corea del Sur: del autoritarismo a la democracia

Desde la formación de Corea del Sur en 1948 como un Estado soberano se instaurarán gobiernos autoritarios durante más de 40 años que generaron: a) la gestación de movimientos nacionalistas que exigían puntualmente una liberalización de la política y el fin de las represiones en contra de las huelgas y b) una transformación de la estructura productiva pasando de una basada en la agricultura a una con eje en la producción y exportación de bienes con valor agregado. Desde la década del ochenta, Corea del Sur se convierte en una de las economías pujantes del Asia del Este. No obstante, el desafío que quedó pendiente para la década del noventa fue la democratización, y así se fue desarrollando una pugna entre los intereses económicos y los valores culturales en la sociedad coreana a favor de la democracia.

Palabras claves: Corea del Sur. Autoritarismo. Democracia. Movimientos nacionalistas.

대한민국 정치 시스템의 변화: 대한민국이 1948년 주권국가로서 건국된 이래 40년 이상 권위주의 정부가 운용되었으며 다음과 같은 결과가 나타났다.
a) 정치 자유화와 파업에 대한 억압 종식이 요구되었던 국가적 차원의 운동 태동
b) 농업기반 생산구조에서 부가가치를 지닌 재화의 생산 및 수출이라는 생산 구조 축의 전환
1980년대 이후 한국은 동아시아에서 성장하는 경제국가 중 하나가 되지만, 민주화는 1990년대 해결해야 하는 과제로 경제적인 이해관계와 한국사회에서 민주주의를 지지하는 문화적 가치간에 대립으로 발전되었다.
키워드: 한국 – 권위주의 – 민주주의 – 국가차원의 저항운동

Capítulo 6. Ascenso de la República de Corea y la República Popular Democrática de Corea

El proceso histórico de conformación de los Estados de Corea del Norte y del Sur tiene sus raíces en el fin de la Segunda Guerra Mundial cuando Estados Unidos y la Unión Soviética deciden dividirse el mundo entre ambas potencias, siendo uno de los territorios en disputa la península coreana y adoptándose como línea divisoria el paralelo 38º. Al sur del paralelo se formó la República de Corea, con un mantra democrático apoyado por los Estados Unidos. Al norte del paralelo se conformó la República Popular de Corea, con una impronta comunista y el apoyo de la Unión Soviética. Y en ese proceso de formación de los dos Estados, la Guerra de Corea (1950-1953) emergió como un factor clave que culminaría de dar fuerza al proceso en sí mismo.

Palabras claves: Corea del Sur. Corea del Norte. Choson.

대한민국과 조선인민민주주의공화국의 부상
남. 북한 분단의 역사적 과정은 2차 세계대전 종말과 뿌리를 같이 하고 있다. 미국과 소련은 두 강대국 간 세계를 구분하기로 결정하면서 한반도의 영토 문제가 의제 중 하나가 되었고 38도선을 경계로 채택한다. 38도 남으로는 미국의 지원으로 민주적인 정부 대한민국이 수립되고, 38도 이북으로는 소련의 지원으로 공산주의 성향의 조선인민민주공화국이 수립되었다. 두 개의 국가 구성 과정에서 한국전쟁(1950-1953)은 스스로의 과정에 동력을 실어주는 하나의 주요 요인으로 부상하였다.
키워드: 대한민국 – 북한 – 조선

Capítulo 7. El impacto en Corea del Sur de la apertura económica y expansión china

A partir del análisis de la expansión económica china, explicaremos los cambios y su influencia en Corea del Sur. Debemos comprender que con el ascenso de China como potencia y su salida de la periferia económica, las reglas del juego han cambiado y la visión de una China en desarrollo es cosa del pasado. A su vez, el cambio económico la acerca a Corea del Sur, como uno de sus principales socios económicos y convierte la relación entre ambos países en un factor positivo para su crecimiento, pero al mismo tiempo supone un giro geopolítico de gran relevancia en el esquema regional del Asia del Este.

Palabras claves: China. Ascenso. Corea. Comercio. Economía.

경제개방의 영향과 중국의 팽창
중국 경제의 팽창정책이 한국에 미친 변화와 영향을 조명해 본다. 강대국으로 부상된 중국과 주변 경제국의 부상은 게임의 규칙을 변화시켰으며, 개도국 중국이라는 시각은 이미 지난 과거가 되었다. 이러한 경제 변화는 동시에 대한민국을 하나의 주요 경제파트너로 접근하게 하는 한편 동반 성장을 위한 긍정적 요소로 양 국가간 관계를 정립시키고 있지만 동시에 동아시아의 지역 구조에서 큰 의미를 지닌 지정학적 변화를 또한 감지한다.
키워드: 중국 – 부상 – 한국 – 무역 – 경제

Capítulo 8. Dokdo/Takeshima: las islas de la eterna lucha

Dokdo constituye un conjunto de islotes rocosos formados por dos islas principales que se encuentran ubicadas en el mar del Este a 87,4 km al sureste de la isla Ulleungdo. A lo largo de la historia, Dokdo (llamada Takeshima por los japoneses) fue centro de disputa entre Corea y Japón. El 18 de enero de 1905, una vez comenzada la guerra ruso-japonesa, Japón decide incorporar en forma unilateral a Dokdo a su territorio alegando que los islotes "carecían de dueño". Si bien diversos documentos reafirman la soberanía de Corea sobre las islas, símbolo de independencia y orgullo nacional, esta disputa continúa al día de hoy.

Palabras claves: Dokdo. Takeshima. Soberanía.

독도/다케시마: 영원한 분쟁의 섬

독도는 울릉도 남동쪽으로 동해에서 87.4km떨어진 곳에
위치해 있는 두 개의 바위산으로 구성된 섬이다. 역사적
으로 독도(일본인들은 "다케시마"라 부름)는 한.일간에 분
쟁의 핵이었다. 1905년 1월 18일 러일전쟁 발발 과정에서
일본은 일방적으로 독도를 "주인 없는" 섬으로 주장하면
서 자국 영토에 포함시키기로 결정한다. 다양한 자료가 섬
과, 독립 상징 및 민족 자긍심에 기초해 한국의 주권임을
확인해 주고 있음에도 불구하고 섬 소유권 분쟁은 오늘날
에도 지속되고 있다.
키워드: 독도 – 다케시마 – 주권

Capítulo 9. El rol de la mujer en Corea: cambios y continuidades

A lo largo de la historia coreana la estructura social ha
experimentado una constante transformación y, en consecuencia, también lo ha hecho la construcción de lo femenino y el rol de la mujer. No obstante, hay percepciones
acerca del rol tradicional de la mujer que aún, en el siglo
XXI, se mantienen. La cuestión de género en Corea ha sido
analizada ampliamente y, sin embargo, continúa siendo
una temática que provoca fuertes debates al interior de
la sociedad. Es por ello que resulta importante continuar
reflexionando sobre las prácticas y conceptualizaciones
del sistema social, político y económico que permitieron
conformar la noción colectiva de la mujer en la sociedad
coreana a efectos de comprender las causas y consecuencias de la problemática en la actualidad.
Palabras claves: Feminismo. Corea. Historia. Sociedad.

한국 내 여성의 역할: 변화와 지속성
한국 역사에 있어서 사회구조는 변화를 계속해 왔고, 결과
적으로 "여성적인" 것과 여성의 역할은 발전되어 왔지만
21세기에도 여전히 여성에 대한 전통적인 역할에 대한 편
견은 남아 있다. 한국에서 성의 문제는 폭넓게 분석되어 있

지만 사회 내부로 깊숙이 들어가면 아직도 진지한 토론 주
제이다. 사회적, 정치적 및 경제적 시스템 차원에서 성의
개념화와 실천 방안이 계속해서 반영되고 있다는 점은 중
요하다. 바로 이러한 점은 현재 문제가 되고 있는 원인과 결
과를 포함해서 한국 사회에서 여성에 대한 집단적 개념을
정립하는 데 기여할 것이다.
키워드: 여성운동 – 한국 – 역사 – 사회

Capítulo 10. El rol de la mujer en Corea: cambios y continuidades

Este trabajo pretende analizar, bajo una perspectiva de
género y clase, el surgimiento del alfabeto coreano, Hangul, a mediados del siglo XV y la participación que tuvieron
las mujeres en su uso en los primeros tiempos. Luego de
su creación, el Hangul fue desprestigiado por los sectores
más encumbrados de la sociedad: poderosos hombres que
utilizaban el idioma y la escritura china para comunicarse y sobre todo, producir (y de esto derivaba su poder).
Lejos de ser una conquista para el género femenino en su
totalidad, la perspectiva de clase como marco teórico nos
ayuda a comprender que las mujeres aristocráticas fueron
las principales beneficiarias, logrando escribir centenares
de cartas y libros que fueron claro reflejo de su propia forma de concebir la sociedad.
Palabras claves: Género. Corea. Hangul. Mujer.

한국에서 여성의 역할: 변화와 지속성
본 글은 전망 관점에서 15세기 중반 한글이 창제된 후 성
과 계급 그리고 한글 사용 초기에 여성의 참여를 분석하는
데, 한글은 중국 문자와 언어를 사용하던 상류계급 사회에
의해 외면되었다. 여성에게 있어서 언어를 다룬다는 개념
과는 동떨어지게 이론적인 테두리인 계급이라는 시각에서
본다면 귀족계급의 여성들은 자신들이 속해 있는 사회를

그들만의 고유한 방법으로 반영시킨 서신이나 책을 쓰게
되고 이를 통해 우리는 귀족계급의 여성들이 한글을 주로
사용했다는 것을 알 수 있게 된다.
키워드: 성 – 한국 – 한글 – 여성

Capítulo 11. La cortesana y la mediadora: dos dimensiones de expresión femenina en la tradición coreana

En una sociedad tradicional marcadamente constrictiva
hacia el género femenino, la mujer coreana encontró
maneras de sortear las amonestaciones del poder patriarcal. El objetivo principal de este trabajo es relacionar dos
figuras femeninas arquetípicas de la cultura coreana: la
mediadora y la cortesana, surgidas del chamanismo y del
grupo social Gisaeng respectivamente.

Palabras claves: Cortesana. Mediadora. Corea. Género.

충절과 중용: 한국 전통사회에서 여성을 표현하는 두 가
지 척도
여성에 대해 아주 엄격한 전통사회에서 한국 여성들은 가
부장제에 굴복하는 것이었다. 본 논문의 주요 목적은 한
국 문화에 나타나는 여성의 두 가지 이미지를 관련 짓는
것이다: 충절과 예절, 샤머니즘 속의 여성 및 기생이라는
사회그룹
키워드: 충절 – 중재자 – 한국 – 성

Traducción: Jeong Hoseon
e-mail: coreajeong@gmail.com

Este libro se terminó de imprimir en marzo de 2018 en Imprenta Dorrego (Dorrego 1102, CABA).

www.ingramcontent.com/pod-product-compliance
Lightning Source LLC
Chambersburg PA
CBHW020350270326
41926CB00007B/371